늦은 비

예수의 이른 비는 구원의 시작이고

늦은 비는 그 완성입니다

늦은 비

김영숙 지음

좋은땅

이 책을 펴내며

늦은 비 학교다!

이른 새벽에 하나님의 음성을 듣고 놀라 벌떡 일어섰습니다. 뭔지 모르지만 일어나서 앉았다 일어섰다 너무 기쁘고 좋았습니다. 어쩌면 그렇게 기쁨이 넘치는지요!

성령의 감동으로 더 확신이 되었습니다. 너는 내 말에 모든 것을 다 내려놓고 순종했지! 다 알고 계셨습니다. 26년 전에 친구 따라 처음으로 기도원에 갔습니다. 친구가 그곳에서 방언을 받았다고 해서 간 것입니다. 방언을 받고 영적으로 기도를 하다 보니, 내가 그동안 의식주를 위해 소망으로 살았단 말인가!

가짐의 가치관에서 됨의 가치관으로 변화되었습니다. 제일 먼저 한 일이 새벽기도를 시작했습니다. 새벽 미명에 교회를 가는데 누가 내 머리카락을 잡는 것입니다. 손으로 탁 치고 교회 앞 계단을 디디면서, "하나님 안에 거하는 자는 만유보다 크시매 아무도 아버지 손에서 빼앗을 자가 없다."고 소리치니 도망갔습니다. 나는 그 말씀을 읽고 들은 적도 없습니다. 성경을 찾아보니 요한복음 10장 29절입니다. 순간 하나님께 홀딱 반했습니다.

나는 이 세상에서 하나님의 음성을 귀로 듣고 성령의 감동으로 순종하게 하시는 것이 가장 기쁘다는 것을 체험할 수 있었습니다. 환난은 환경이 어려워서 오는 것이 아닙니다. 환경은 변함이 없는데, 나에게 어떤 사건이 왔을 때 사건 자체 때문에 힘든 것이 아니라 하나님의 위로와 격려를 받지 못해서 힘든 것입니다.

예수를 만나기 전, 바울은 율법으로는 흠이 없을 정도로 완벽하게 율법을 지키는 지도자였습니다. 한편 그는 예수 믿는 사람들을 결박하기 위하여 다메섹으로 가까이 갔을 때 갑자기 바울은 다메섹 도상에서 빛으로 찾아오신 예수를 만나고 완전히 돌변하게 됩니다. 그가 변화되고 나서 자신을 "죄인 중에 괴수"라고 고백합니다. 주님과의 만남은 거듭남, 회개, 중생, 구원 등 여러 표현이 있는데 회심은 가다가 유턴하는 의미가 있습니다.

사도 바울은 이 거듭남과 회개가 동시에 일어나서 흔히 '회심'이라고 합니다. 예수가 십자가에 죽으시고 부활하신 것은 예수의 생명을 우리에게 주려고 하신 것입니다. 그 생명이 거듭남입니다. 즉, 구원받은 것입니다. 예수 생명이 없으면 구원받은 자가 아닙니다. 로마서에서 사도 바울은 이렇게 말합니다.

"그러므로 이제 그리스도 예수 안에 있는 자에게는 결코 정죄함이 없나니 이는 그리스도 예수 안에 있는 생명의 성령의 법이

늦은 비

죄와 사망의 법에서 너를 해방 하였음이라" 롬 8:1-2

생명의 성령의 법이 무엇입니까? 그리스도 영이 우리 안에 들어 오심으로 말미암아 하나님의 생명을 누리는 방법입니다. 그런데 마치 아버지 성령을 체험했으니, 능력 받으라, 축복받으라, 순종하라, 예수가 십자가에 죽고 부활하신 것만 믿으면 구원받는 줄 착각했습니다. 나의 인격은 변화되지 않았습니다.

아버지의 성령은 나를 제한하지 않습니다.(마 10:20) 반드시 그리스도 영 진리의 성령이 내 안에 오셔야 합니다. 그리스도의 영이 오시면 내 안에 지 · 정 · 의를 지배하십니다.

"만일 너희 속에 하나님의 영이 거하시면 너희가 육신에 있지 아니하고 영에 있나니 누구든지 그리스도의 영이 없으면 그리스도께 속한 사람이 아니라" 롬 8:9

이 책의 내용에는 성경의 참뜻을 조명하는 것이며, 다른 하나는 하나님을 만나 겪게 된 체험적 간증인 것입니다. 두 요소는 신앙생활 하는 데 있어서 핵심 요소인 말씀과 성령에 해당합니다. 거듭난 그리스도인 모두가 생명의 놀라운 능력 안에서 살아갈 수 있습니다. 나와 여러분 모두가 그 복된 부르심의 대상인 것입니다. 그러나 교회는 다니지만, 아직 최고의 행복을 누리지 못한 사람에게 이 책은 실로 매우 다양한 방식과 상황을 통하여 체험되어질 것입니다.

하나님께서는 언제나 우리에게 환경을 바꾸어 주시기 전에 그 사람을 먼저 변화시키십니다. 처음 미국 병원에서 만난 사람은 워낙 갈급했었기에 성경 말씀을 묵상해야 한다는 내 말을 다른 사람들처럼 재거나 따지지 않고 따라 주었습니다. 목사인 내가 관심을 가져 준다는 사실에 무척이나 감격스러워했습니다. 나와 함께 얼마나 열심히 말씀 묵상을 나누었는지 모릅니다.

그러던 어느 날 사이리니 교회를 시작하게 하시는 이가 바로 주님이라는 확신 속에서 기대와 즐거움 속에 젖어 있었습니다. 하나님께서 준비된 사람들을 위하여 생명을 전하는 사이리니 교회의 담임목사로 성도들을 섬기게 하셨습니다. 준비된 그들은 예수님을 하나님의 아들이라고 고백하는 진실하게 살고 싶어하고, 그 속에 간사함이 없는 사람들이라고 축복해 주셨습니다. 그들에게 예수님은 "이보다 더 큰일을 볼 것이다. 너희가 하늘이 열리고 하나님의 사자들이 인자 위에 오르락내리락하는 것을 보게 될 것이다" 라고 예언하셨습니다.

우리 주님이, 하나님과 우리 사이에 사다리가 되어서, 우리가 이제, 하늘로 연결이 되어 복을 받게 된 것입니다. 인간이 최고의 행복을 누리는 데 꼭 필요한 하나님의 생명력을 주셨습니다. 죽을 것 같은 고통을 당하고 있는데 어떤 말씀으로도 회복되지 못한다면, 내가 지금까지 믿었던 것은 가짜입니다. 돈이 없어서 불쌍한 것이 아닙니다. 구원의 말씀이 없어서 불행한 것입니다.

우리는 알지 못하는 길을 갈 수 없습니다. 예수께서는 자신을 길이요 진리요 생명이니 나를 통하지 않고서는 아무도 아버지께로 올 자가 없다고 하셨습니다. 이 길 외에는 길이 없습니다. 아직 최고의 행복을 누리지 못한 사람에게 이 책은 매우 다양한 방식과 상황을 통하여 체험될 것입니다.

이 책이 나오는 과정에서 응원하며 힘이 되어 주신 이소연 자매 그리고 사이리니 교회 모든 분들께 깊이 감사드립니다.

2023년 김영숙

목차

2. 예수님의 일곱 가지 별명

3. 사도 요한의 영성

1.

인생은 무엇으로 결산하는가?

하늘의 시간

한 해를 결산할 때가 있듯이 인생을 결산할 때가 있습니다. 달 란트 비유는 천국은 마치 등을 들고 신랑을 맞으러 나간 열 처녀 비유와 같습니다. 그들 가운데 다섯은 어리석고 다섯은 현명하였 습니다. 열 처녀 비유와 더불어 마지막 때를 어떻게 준비할 것인 가! 시간에 관한 모든 것은 이 책을 통해서 스스로 삶의 지혜를 얻 을 것입니다.

하늘의 시간은 선물이며, 기회입니다. 하나님께서 우리에게 주 신 이 시간이라는 것은 우리에게 주신 생명입니다. 그 생명의 시 간은 모두 우리에게 기회가 될 수 있는 시간들입니다. 어떤 기회 인가요? 때가 악하기 때문에 우리는 정신을 똑바로 차리고 우리 에게 주어진 시간을 최대한 이용해야 합니다.

이 세상은 하나님 나라와 사단의 나라가 있습니다. 그래서 어리 석은 자가 되지 말고 지혜롭게 오직 하나님의 뜻이 무엇인가 이해하는 것이 하늘의 시간을 선물로 주신 것을 허비하지 않는 것입니다. 과연 이 세상에 내 것이 있습니까? 소중하게 생각하는 물질, 명예, 권력이 내 것입니까?

내 수중을 거쳐 갈 뿐이지 영원히 내 것은 아닙니다. 목숨처럼 여기는 건강이 내 것입니까? 아프고 나면 내 것이 아닌 것을 크게 깨달아집니다. 그토록 갖고 싶어서 안달복달하던 모든 것이 내 것입니까? 어느 순간 신기루처럼 사라집니다.

그렇다면 생명은 내 것인가. 불시에 찾아오는 죽음과 대면하면 모든 육체는 풀과 같고 그 모든 영광이 풀의 꽃과 같으니 풀은 마르고 꽃은 떨어지고 안개처럼 사라지는 것들입니다. 그러나 우리의 인생은 이 인생이 다가 아닙니다. 이 인생의 결과로 또 다른 삶이 있습니다.

"한번 죽는 것은 사람에게 정하신 것이요 그 후에는 심판이 있으리니" 히 9:27

이 심판은 꼭 천국과 지옥으로 갈라진다는 심판으로 이해할 수도 있지만 우리가 죽음으로 마감하는 삶 후에는 그 삶에 따른 결과가 있다는 것을 말해 주고 있습니다. 이것은 우리의 이 삶이 자체로만 끝나는 것이 아니라, 다음의 삶을 결정짓는다는 사실을 알수가 있습니다. 이렇다면 더 이상 지금의 이 세상 삶을 허술하게 보낼 수가 없다는 것을 아실 것입니다.

이 세상에 온 우리는 하나님을 잊고 자신이 온 그곳을 잊고 그저 이 세상이 다인 줄 알고 허둥거리게 됩니다. 이러다가 지치고 쓰러졌을 때 자신이 떠나온 하나님을 찾게 됩니다. 우리는 이와 같이 이 세상에서 하나님을 찾아 하나님의 집으로 들어가지 못한다면 이 세상을 헛되게 사는 것입니다.

하나님께서 우리에게 이 세상을 허락하신 목적은 어려운 중에 하나님을 찾으라는 의도이기 때문입니다. 이것을 이루지 못한다면 우리의 인생은 열매 없는 인생입니다. 이런 인생은 악하고 게으른 종이라고 책망을 받을 수밖에 없는 것입니다. 우리는 언젠가 주님이 주신 시간을 이렇게 썼다고 설명할 '때'가 옵니다.

때는 하나님이 인간에게 반응하는 방식

"천하에 범사가 기한이 있고 모든 목적이 이룰 때가 있나니 날 때가 있고 죽을 때가 있으며 심을 때가 있고 심은 것을 뽑을 때가 있으며 죽일 때가 있고 치료 시킬 때가 있으며 헐 때가 있고 세울 때가 있으며 울 때가 있고 웃을 때가 있으며 슬퍼할 때가 있고 춤 출 때가 있으며 돌을 던져 버릴 때가 있고 돌을 거둘 때가 있으며 안을 때가 있고 안는 일을 멀리 할 때가 있으며" 전 3:1-5

이처럼 '때'란 인간의 절망이 하나님의 시작점입니다. 인간은 하나님 안에 있을 때만 시간을 제대로 사용할 수 있습니다. 무엇을 하며 어떻게 살아야 하는지를 알게 되는 것입니다. 그렇다면 인간의 시간이 가지는 의미와 목적은 자명해집니다. 그래서 인간은 하나님 안에 있을 때만 시간을 제대로 사용할 수 있고 하나님 나라를 향해 준비하는 시간입니다.

전도자는 때에 관한 이야기를 하면서 수고와 이익이라는 반전의 질문을 합니다. 때 안에 있는 인생의 수고와 이익을 따져 보았느냐는 것입니다. 나름대로 죽을 힘을 다했습니다. 그런데 그 수고로 너는 대체 얼마나 큰 이익을 보았느냐고 묻는 것입니다.

오래전 저는 이 질문에 이렇게 대답했습니다. 수년간 사업을 정말 열심을 다 했습니다. 그런데 계산해 보니 남은 게 없습니다. 부귀 영화가 인생의 목적일 수 없다는 사실을 금방 알게 됩니다. 시간의 마지막 목적을 알지 못하면 허무한 삶을 살게 됩니다.

전도서는 천하에 기한이 있고 모든 목적이 이룰 때가 있으니까, 인간이 삶의 목적을 놓치면 흔적도 없이 사라질 때가 있다고 일깨우는 것입니다.

세상 살면서 이런저런 이유로 삶이 망가진 사람이 많을 것입니다. 자수성가로 일군 회사가 하루아침에 무너지는 걸 경험한 사람, 뿐만 아니라 부모 또는 자식 때문에 힘든 삶을 사는 사람, 혹은 배우자 사별로 인하여 건강을 잃은 사람, 명예와 권력을 가졌음에도 만족을 느끼지 못한 사람도 또한 있을 것입니다.

곰곰이 돌아보면 인생의 모든 일이 짐입니다. 일도 짐이고 관계도 짐이고 취미도 생활도 짐입니다. 구원이란 이러한 짐에서 해방되는 것입니다. 그런데 그 구원의 본질은 내 시간에서 빠져나오는 것입니다.

늦은 비

"수고하고 무거운 짐진 자들아 다 내게로 오라 내가 너희를 쉬
게 하리라" 마 11:28

내가 더 이상 버틸 힘이 없다고 솔직하게 인정할 때 밖으로부터
오는 도움의 손길이 주님의 구원입니다. 내 힘으로는 도저히 안
된다는 것을 인정하는 것이 구원의 전제입니다. 누가 건져 줄 수
있습니까? 예수 그리스도입니다. 내가 나를 건질 수 있다면 신앙
은 필요 없습니다.

성경을 해석할 때 원칙이 있습니다. 예수 그리스도를 경유해서
해석이 되어야 합니다. 사도들의 삶이란 이 세상에서 허무를 말해
주는 삶이었습니다. 그래서 사도 바울은 십자가 외에 자랑할 것이
없다고 합니다.

"내가 너희 중에 예수그리스도 그의 십자가에 못 박히신 것 외
에는 아무것도 알지 아니하기로 작정하였음이라" 고전 2:2

소중한 나, 과연 하나님 마음에 합당한가?

"그후에 저희가 왕을 구하거늘 하나님이 베냐민 지파 사람 기스의 아들 사울을 사십 년간 주셨다가 폐하시고 다윗을 왕으로 세우시고 증거하여 가라사대 내가 이새의 아들 다윗을 만나니 내 마음에 합한 사람이라 내 뜻을 다 이루게 하리라 하시더니 하나님이 약속하신 대로 이 사람의 씨에서 이스라엘 위하여 구주를 세우셨으니 곧 예수라" 행 13:21-23

약속대로 예수님을 세우시는 것입니다. 구속사의 면면이 흠도 많고 죄악 중 괴수들이 모여 있고, 왕을 구해서 잘난 사람을 세워 보았더니 사울처럼 폐하는 일이 왔다고 하십니다. 베냐민 지파인 바울이 사울 왕 얘기를 하는 것은 '사울 집안이 바로 우리 집안입니다. 그런데 내가 예수를 죽였다.'는 고백입니다.

죄는 예수를 안 믿는 것입니다. 이것이 하나님의 약속이고 계획이기 때문에 이루셨습니다. 끊임없이 해도 안 되어서 결국 아들을 십자가에 못 박아 죽이셨습니다.

늦은 비

하나님의 마음에 합한 자는 바로 이것을 깨닫고 사명을 인식하는 사람입니다. 그래서 사명 때문에 와서 사명대로 살다가 사명 따라가는 것이 최고의 인생입니다. 다윗은 성경에서 예수님 다음으로 그 생애에 대해서 자세히 기록할 만큼 성경 안에서 중요성을 가진 인물입니다.

하나님의 마음은 말씀을 통해서만 알 수 있습니다. 그 마음에 합한 자가 된다는 것은 하나님이 어떤 분이신지 말씀을 읽고 묵상함으로 먼저 하나님을 잘 알아야 한다는 전제가 필요합니다. 하나님을 알지 못하고서는 하나님 마음에 합한 자가 될 수 없습니다.

다윗은 하나님을 알고, 그 말씀 안에서 결정적인 순간마다 하나님 편에서 생각하고 행동했던 사람이었습니다. 자신의 평생 원수였던 사울 왕이 자신의 손에 주어졌을 때, 그는 사울 왕을 사랑하시는 하나님의 마음을 기억합니다. 그리고 그에게 진정한 용서의 손을 내 밀었던 다윗의 중심을 보시고 "내 마음에 합한 사람이라 내 뜻을 이루게 하리라" 정하셨습니다

하나님께서 그의 마음에 맞는 사람을 왕으로 세우셨다고 말하는데, 그 왕으로 세움을 받은 자가 바로 다윗입니다. 바로 다윗이 하나님께서 찾으신 하나님의 마음에 맞는 자, 즉 말씀 따라 살았다는 것입니다. 쉽게 표현하면 하나님의 마음이 있는 그곳에 자신의 마음이 있는 사람이라고 할 수 있습니다.

하나님의 명령은 우리를 괴롭게 하는 무거운 짐이 아닙니다. "땅이여 들으라 내가 이 백성에게 재앙을 내리리니 이것이 그들의 생각의 결과라"(렘 6:19) 그렇습니다. 사람의 모든 행위는 결국 그 사람의 생각의 열매입니다. 그래서 주님도 "들의 백합화가 어떻게 자라는가 생각하여 보라"(마 6:28)며 생각을 주문하셨습니다.

한 개인의 믿음의 여정으로 볼 때 육으로 난 생명이 영으로 거듭난 후, 거듭난 삶을 살다가 실제로 천국에 들어가는 것이 목적입니다. 물론 온전히 거듭난 사람들에게만 해당되는 것입니다. 거듭나지 못한 사람들은 육신의 생명이 죽을 때에도 여전히 구약 시대에 있는 것입니다.

어떤 죽음으로는 하나님께 영광을 드리지 못합니다. 하나님께 영광을 드리는 선한 죽음은 예수 그리스도를 만나 거듭난 후 천국의 삶으로 마감하는 것입니다. 그것이 하나님께 영광을 드리는 죽음인 것이고, 그것이 또한 하나님께 영광을 드리는 삶인 것입니다.

하나님께서 사울을 택하여 왕 삼은 것을 후회한다고 하십니다.(삼상 15:11) 후회했다고 표현하는 것은 우리 인간들에게 하나님의 안타까움을 표현하는 것입니다. 지금 하나님께서 사울을 왕 삼은 것을 후회한다고 하셨으니 사울을 완전히 버린 것일까요? 그렇지 않습니다. 오히려 사울을 사랑해서 그를 깨우치고자 하신 말씀입니다.

하나님께서 아멜렉 사건을 통하여 사울이 불순종하는 모습을 스스로 눈으로 볼 수 있도록 드러내셨습니다. 자신 안에 숨겨져 있던 불순종을 눈으로 보고 회개할 기회를 주셨지만, 안타깝게도 사울은 여전히 세상 것에 미혹되었습니다. 사울은 블레셋에게 죽었지만 하나님이 블레셋을 통하여 사울을 죽인 것입니다.

그 이유는 "여호와께 묻지 아니하였으므로 여호와께서 저를 죽이시고 그 나라를 이새의 아들 다윗에게 돌리셨더라"(대상 10:14)고 하셨습니다.

과연 나는 여호와께 묻고 사는가?

남편은 췌장암 말기 환자였습니다. 전능하신 하나님의 능력으로 병든 남편을 고쳐 달라고 간구했습니다. 여동생은 차라리 내가 오빠를 대신하여 생명을 내놓겠다고 마음을 정하고 금식기도하였습니다. 그러나 남편은 천국으로 갔습니다. 남편의 죽음으로 인하여 너무 슬펐습니다. 기가 막혔습니다.

슬플 때 울지 않으니까, 사람들과 소통이 안 되었습니다. 이후 저는 겉으로는 아무렇지 않은 척했지만, 몸은 약해져서 현실 감각도 없어지는 것 같았습니다. 전능하신 하나님, 왜 생명을 걸고 기도한 사람도 있는데, 남편을 살려 주지 않았어요? 다시 물었습니다. 그런 가운데도 책망할 것과 칭찬할 것으로 보시고 너를 안다고 하십니다. 무엇을 아신다고 하실까요? 저를 어떻게 쓰실지는 모릅니다. 하지만 하나님 뜻대로 순종하려는 마음을 품었습니다.

"일곱째 인을 떼실 때에 하늘이 반시 동안 고요하더니"(계 8:1) 이 인의 재앙은 세상에서는 심판이지만, 거듭난 사람은 하나님 나라의 완성을 향한 재창조의 모습입니다.

성령의 감동으로 내적 음성이 들렸습니다. "재창조된 박 목사 설교를 들어 보라" 하셨습니다. 한 번도 만난 적도 없습니다. 친구 목사에게 물어봤더니 "예전에 거지들고 살았던 분이야." 무작정 유튜브를 검색하여 설교를 들을 수 있었습니다. 그분의 존재, 생각, 언어, 행동이 삶으로 무르익은 간증을 들으면서 며칠을 울었습니다. 점진적으로 힐링이 되었습니다.

"내가 진실로 진실로 네게 이르노니 젊어서는 네가 스스로 띠 띠고 원하는 곳으로 다녔거니와 늙어서는 네 팔을 벌리리니 남이 네게 띠 띠우고 원치 아니하는 곳으로 데려가리라" 요 21:18

예수님이 베드로에게 네가 젊었을 때는 스스로 띠고 믿었지만,

늦은 비

늙어서는 즉, 장성해서는 하나님이 너를 말씀으로 무장시켜 하나
님이 원하시는 곳으로 데려갈 것이라고 말씀하고 있습니다. 우리
도 처음에는 나 옳다 함의 지혜로 믿었습니다.

그러나 나중에는 하나님의 지혜로 주님의 손길을 알아차리고
이끌리는 대로 가니 자신의 지혜가 필요가 없습니다. '젊었을 때
와 늙었을 때' 이것은 곧 '이른 비와 늦은 비'와 맥을 같이합니다.

이른 비와 늦은 비는 무엇인가

> "그러므로 형제들아 주의 강림하시기까지 길이 참으라 보라 농부가 땅에서 나는 귀한 열매를 바라고 길이 참아 이른 비와 늦은 비를 기다리나니 너희도 길이 참고 마음을 굳게 하라 주의 강림이 가까우니라" 약 5:7-8

농부가 씨를 뿌려 열매 맺기 위하여 반드시 필요한 이른 비와 늦은 비를 기다려야 한다는 것입니다. 하나님께서 이른 비와 늦은 비를 적당한 때에 내려 주지 아니한다면 열매를 맺을 수 없습니다. 우리가 예수의 생명을 받게 될 때 하나로 연결된 이 두 단계 예수는 우리에게 있어서 이른 비와 늦은 비입니다.

처음 예수를 만나 따르기 시작했을 때 나에게 있어서 이른 비입니다. 이렇게 육신의 예수를 만난 것은 제자들도 '만진 바 된 생명'입니다. 이 늦은 비 예수는 십자가의 때까지 나를 인도하고, 부활하신 후 그 안에 그리스도 영으로 임합니다. 이것은 나에게 있어서 늦은 비입니다.

우리의 경우 이른 비 예수는 우리의 눈앞에 만진 바 생명인 육신의 예수로 오고, 늦은 비 예수는 우리 안에 나타낸 바 된 생명인 그리스도의 영으로 오게 됩니다.

이처럼 우리가 이른 비 이후 늦은 비를 맞게 되면 우리는 죄 사함을 얻고, 또한 새 생명을 얻게 됩니다. 죄 사함이란 죄 없는 예수의 생명이 말씀에 의해서 실제로 내 안에 잉태되고 해산함으로 나도 죄 없는 생명으로 죄짓지 않는 생명으로 삶을 사는 것입니다.

> "이와 같이 그리스도도 많은 사람의 죄를 담당하시려고 단번에
> 드리신 바 되셨고 구원에 이르게 하기 위하여 죄와 상관 없이
> 자기를 바라는 자들에게 두 번째 나타 나시리라" 히 9:28

예수께서 우리에게 늦은 비는 죄 사함을 완성하시고 우리 안에 영원한 생명으로 임하여 구원하십니다. 예수의 이른 비는 구원의 시작이고 늦은 비는 그 완성입니다. 늦은 비는 누가 전하라고 해서 하는 것이 아니라 영원한 생명을 가진 자는 아비가 자식을 낳듯이 그 생명을 자연스럽게 전하게 됩니다.

어떤 사람은 예수를 전할 때 이론과 지식으로 설득하거나, 아니면 은사로 어떤 기적을 보이려는 방법들을 동원하기도 합니다. 그

러나 이렇게 해서는 예수가 증거 되지 않고 또한 증거가 된다고 해도 한시적이며 영원한 것은 아닙니다. 우리가 예수를 증거 하기 원한다면 먼저 이른 비의 과정을 거쳐 자신이 말씀에 의해 사랑의 존재로 거듭나야 합니다.

성경에서 구원은 곧 새로운 생명을 말합니다. 이렇게 되면 우리는 이웃에게 예수에 관한 완전한 증거를 줄 수 있습니다. 인생의 참다운 삶을 살려면 구원의 이 길을 잘 따라나서야 됩니다. 그러면 여러분을, 하나님이 다 좋게 이뤄 주시기 때문에 좋은 결과로 추수하게 될 것입니다.

"그러므로 형제들아 주의 강림 하시기까지 참으라" 약 5:7

농부가 이른 비와 늦은 비를 기다리는 것처럼 그때 너희가 고통이 있으니까 주의 강림하실 때까지 잘 참으라는 것입니다. 여기서 강림이란 내 안에 임하시는 그리스도 예수를 이야기하는 것입니다. 우리가 예수에 의해 통곡하는 고생과 십자가 과정까지 진행되는 것입니다. 그리고 그 이후에 그리스도께서 내 안에 강림하십니다.

예수를 믿는 것은 바로 나를 고치고 나를 깎고 조각하는 그런 과정 속에서 연단이 있을 것이니 잘 인내하라는 것입니다. 그것이 성경 전체에서 흐르는 맥락입니다.

그러나 구원에 관한 우리의 일반적인 생각은 예수 믿을 때 받았고, 이제 그것에 감사해서 충성 봉사하는 구도로 이해하며, 신앙생활 하는 사람은 그 단계에서 그냥 주를 위해서 열심을 내는 것입니다. 그런데 참다운 예수 그리스도의 말씀을 받은 자들은 내 안에 그리스도가 임할 성전을 건축하는 그런 과정이기 때문에 다 건축이 되면 그리스도가 내 안에 임하게 되는 기쁨을 누립니다.

그리고 주가 내 안에 강림해서 거울로 보는 것 같이 희미하지 않고, 얼굴과 얼굴을 마주 볼 것입니다. 야고보서 5장은 농부의 기간을 예로 들어서 우리의 영적인 내용을 이른 비와 늦은 비에 대한 영적인 의미가 숨어 있어서 이 비유를 들어서 말한 것입니다.

성경적으로 말하면 비는 말씀인데 이른 비는 파종할 때 내리고 (주로 회개하도록 부르심), 늦은 비는 알곡으로 성숙시켜 열매를 맺게 하는 것입니다. 그러므로 좋은 결실을 위해서는 반드시 이른 비와 늦은 비가 와야 합니다. 이스라엘은 물이 귀한 나라입니다. 이른 비와 늦은 비는 축복의 단비라 할 수 있습니다.

이스라엘의 우기에 내리는 '이른 비와 늦은 비'는 생활과 연관되어 있었을 뿐만 아니라 생존의 위협이 되기도 합니다. 농경 사회에서 비는 그 무엇보다 소중한 것입니다. 이 말씀은 우리에게 항상 있게 되는 것인데 처음에는 그 말씀의 비가 이른 비로 작용해서 파종의 역사로 있게 되고, 그다음에 추수하게 될 때가 되어서 늦은 비를 맞게 되는 것입니다.

이렇게 보면 이른 비와 늦은 비 사이에 파종의 비와 추수의 비 그 사이에 생명의 성장의 과정이 있습니다. 이른 비와 늦은 비에 관해서 예레미야 선지자가 이렇게 말합니다.

> "또 너희 마음으로 우리에게 이른 비와 늦은 비를 때를 따라 주시며 우리를 위하여 추수 기한을 정하시는 우리 하나님 여호와를 경외하자 말하지도 아니하니 너희 허물이 이러한 일들을 물리쳤고 너희 죄가 너희에게 오는 좋은 것을 막았느니라" 렘 5:24 -25

선지자 예레미야는 유다 왕국의 지도자들과 백성이 하나님의 뜻을 외면하고 자신들의 기득권만을 지키고자 하나님께 큰 죄를 짓고 있었다는 사실을 기록하고 있습니다. 이 땅을 창조하시고 때를 따라 비를 내리게 하여 사람들에게 수확의 기쁨을 선물하시는 분이 바로 여호와 하나님이십니다.

그 사실을 온 세상에 전하도록 하나님의 말씀을 위탁했는데 그들은 하나님의 그 뜻을 불순종했습니다. "또 너희 마음으로 우리에게 이른 비와 늦은 비를 때를 따라 주시며 우리를 위하여 추수 기한을 정하시는 우리 하나님 여호와를 경외하자 말하지도 아니하니"(렘 5:25) 그러므로 허물이 이러한 일들을 물리쳤고 너희 죄가 너희에게 오는 좋은 것을 막았다고 하십니다. 그 결과 어떤 일들이 발생했습니까?

첫째, 하나님의 축복과 구원이 이방인 사회로 흘러가지를 못하게 된 결과로 그 축복과 구원의 통로가 막히게 된 것입니다.

둘째, 창조주 하나님을 섬긴 것이 아니라, 우상을 섬기며 바알 신이 적당한 시기에 비를 내리게 하고 풍년을 가지고 온다고 믿는 그 죄가 온 세상에 퍼지게 한 것입니다. 그만 하나님을 버리고 우상을 섬기는 영적인 타락을 하게 된 것입니다.

예수님이 하늘로서 내려오신 이유

"내가 하늘로서 내려온 것은 내 뜻을 행하려 함이 아니요 나를
보내신 이의 뜻을 행하려 함이니라 나를 보내신 이의 뜻은 내게
주신 자 중에 내가 하나도 잃어버리지 아니하고 마지막 날에 다
시 살리는 이것이니라" 요 6:38-39

"마지막 날"이란 지구 종말의 때를 말하는 것이 아닙니다. 우리
가 말씀을 듣고 자라나는 과정에서 옛사람이 십자가에 온전히 죽
었을 때, 이때가 마지막 날입니다. 아버지의 뜻은 내게 주신 자 중
에 하나도 잃어버리지 않고 마지막 날 다시 살리는 것입니다.

"내 살은 참된 양식이요 내 피는 참된 음료로다 내 살을 먹고 내
피를 마시는 자는 내 안에 거하고 나도 그 안에 거하나니 살아
계신 아버지께서 나를 보내시매 내가 아버지로 인하여 사는 것
같이 나를 먹는 그 사람도 나로 인하여 살리라" 요 6:55-57

마지막 날에 다시 살린다는 것은 살은 참된 양식이요, 피는 참된 음료이기 때문입니다. 살과 피를 먹는다는 것은 말씀을 읽고 묵상할 때 양식으로 섭취하는 것이 되는 것입니다. 그 말씀이 깨달아지면, 이제 율법적으로 행하는 것이 아니라, 말씀의 빛이 내면에 들어가서 생명의 눈이 떠지는 것입니다. 즉 나에게 새 생명을 바꿔 주는 능력이 되는 것입니다. 그리스도의 말씀이 살과 피가 되는 것입니다.

그러므로 말씀이 해석이 되고 내 안에 안착이 되면 그리스도가 내 안에 내가 그리스도 안에 되는 것입니다. 그러면 각자 그리스도에 의해서 죽는 자가 살아나게 되는 것입니다. 살아 계신 아버지께서 예수를 보내셔서 예수가 아버지로 말미암아 사는 것같이, 나를 먹는 그 사람도 나로 말미암아 살리라(57절)고 하셨습니다. 즉, 하나님의 아들로 거듭나기 직전을 마지막 날이라 하는 것입니다.

그러니까 육적인 존재가 영적인 존재로 변화되는 시점은, 우리가 말씀을 듣고 자라나는 과정에서 옛사람이 십자가에서 온전히 죽었을 때, 이때가 마지막 날입니다. 예수님은 자신에게 준 자들을 하나도 잃어버리지 않고 다시 살리려고 이 세상에 오셨습니다.
예수께서 육신을 입고 세상에 오신 것은 첫 사람 아담을 따라서 온 모든 자들을 마지막 아담이 다시 데려가기 위해서 하늘에서 오신 것입니다. 육으로 난 생명을 성령으로 거듭나게 해서 새로운 생명을 주시는 그것이 하나님의 뜻입니다. 예수께서 그 뜻을 행하러 이 땅에 오신 것입니다. 우리들을 살려서 거듭나게 하는 것이 하나님의 뜻이 이루어지는 것입니다.

> "이 뜻을 좇아 예수 그리스도의 몸을 단번에 드리심으로 말미암
> 아 우리가 거룩함을 입었노라" 히 10:10

예수님은 이 땅에 오셔서 하나님의 뜻에 따라 우리들을 살려서 거듭나게 하는 것이 하나님의 뜻이 이루어지는 것입니다. 바로 예수님은 그 뜻을 행하러 이 땅에 오신 것입니다. 이런 하나님의 뜻은 아무나 이룰 수 있는 것이 아닙니다.

하나님의 뜻을 이룰 수 있으려면, 우선 자신이 말씀을 통해서 거듭나고 성령이 임하게 되면 그 후 딴 사람들도 거듭남으로 인도하는 이 생명의 순환의 과정이 하나님의 뜻입니다. 먼저 그 뜻이 자신에게 이루어져야 가능합니다. 아직 거듭나지 못했다면 하나님의 뜻을 이룰 수가 없습니다.

거듭나려면 그 이전에 꼭 거쳐야 할 과정이 있는데 그것은 예수에 의한 연단의 과정입니다. 이런 과정은 십자가를 통과하는 고통으로 다가오기 마련이나 우리가 이것이 없으면 새로운 생명 또한 없습니다.

늦은 비

허다한 무리들이 바로 이 연단의 과정을 이해하지 못해서 새 생명으로 거듭나지 못합니다. 그렇기 때문에 육으로 난 생명을 가지고 육신에 속해서 살다가 그냥 죽게 됩니다. 그래서 히브리서 기자는 이런 연단을 잘 견디어야 할 것을 우리에게 말해 주고 있습니다.

"그러므로 우리가 저 안식에 들어가기를 힘쓸지니 이는 누구든지 저 순종치 아니하는 본에 빠지지 않게 하려 함이라" 히 4:11

그러므로 우리는 불순종하여 넘어지는 일이 없게 말씀을 듣고 믿어 안식에 들어갈 수 있도록 신앙생활에 힘써야 합니다. 과거 모세의 인도 아래 애굽을 나왔던 이스라엘 백성 중에 여호수아와 갈렙만 빼고 모두 광야에서 죽었던 이런 이유도 이런 연단의 아픔을 거부했기 때문입니다.

히브리서 기자는 연단을 인내하고 잘 견디라는 것입니다. "저 안식에 들어가기를 힘쓸지니"라는 말은 바로 의인으로 거듭나는 것을 하나님의 안식에 들어가는 것으로 표현한 것입니다. 이렇게 되면 하나님의 뜻을 이룰 수 있는 사람으로 변화된 것입니다.

내 백성아, 거기서 나오라

"또 내가 들으니 하늘로서 다른 음성이 나서 가로되 내 백성아,
거기서 나와 그의 죄에 참예하지 말고 그의 받을 재앙들을 받지
말라 그 죄는 하늘에 사무쳤으며 하나님은 그의 불의한 일을 기
억하신지라" 계 18:4-5

내 백성아 거기서 나오라고 외치십니다. 부정 과거 명령형으로
단호하고 시급한 명령입니다. 세상의 재앙들을 받지 않으려면, 죄
악에서 빨리 나오라고 하십니다.

하나님은 하나님의 백성들이 회개하고 돌아올 때까지 기다리고
계시지만, 내 힘으로는 안 되기 때문에, 그것을 인정하고, 날마다
하나님의 말씀을 가지고 싸워야 됩니다. 나와야 할 곳은 어디이고
들어가야 할 곳은 어디인지 말씀으로 분별하는 것이 죄에 참예하
지 않고 기쁨으로 가는 길입니다.

"힘센 음성으로 외쳐 가로되 무너졌도다 무너졌도다 큰 성 바벨

늦은 비

론이여 귀신의 처소와 각종 더러운 영이 모이는 곳과 각종 더럽
고 가증한 새의 모이는 곳이 되었도다"_계 18:2_

힘센 천사가 더러운 영이 모이는 큰 성 바벨론의 심판을 선포할
이 메시지가 죄악 된 바벨론의 완전한 파멸에 관한 내용을 담고
있기 때문에 큰 권세를 주셨습니다. 마지막 때에 우리가 이러한
심판의 메시지를 듣는 것은 축복입니다. 어떤 사건 앞에서도 말씀
을 보고 내 죄가 보인다는 것은 축복인 것입니다.

이렇게 성도들의 대적 세력의 멸망을 힘찬 음성으로 선포하는
데 "무너질지도 모른다"가 아니라 "무너졌도다 무너졌도다"를 두
번 반복해서 외치는 것은, 확정적이라는 뜻으로 이것을 예언 부정
과거라고 합니다. 큰 성이 좋아 보이지만 이 세상은 귀신의 처소,
더러운 영이 모이는 곳, 가증한 새들이 모이는 곳으로 감옥과 다
름없는 곳이라는 것입니다.

세상 사람들이 처음에는 다른 이들과 만남은 성공을 위해서 정
보를 얻기 위한 이것이 교제의 이유였습니다. 이런 만남은 맨 처
음에는 취미로 시작했다가 끝에는 멸망의 가증한 것에 속아서 망
하는 경우가 많습니다. 이 세상은 귀신의 처소, 온갖 더러운 영이
모이는 곳입니다. 바벨론은 세상 나라를 대표하는 상징적인 표현
입니다. 세상은 더러운 영이 모이는 곳이기 때문에 거기서 나오라

고 명령하셨던 것입니다.

우리가 이 현실에서 예수를 믿고 산다는 것은 마귀들과 싸우는 것입니다. 지금도 우리 현장 속에서 날마다 일어나고 있는 것이 영적 전쟁입니다.

우리는 우리의 신앙생활을 통해 내 힘으로 할 수 있는 것이 아무것도 없는 존재라는 것을 삶으로 경험합니다. 그러한 경험을 통하여 하나님을 더 의지하게 되고 은혜를 더 많이 사모하는 자로 지어져 가는 것입니다.

내 안에서 나오는 것으로 하나님께 드릴 수 있는 것이 하나도 없습니다. 그러나 우리는 그러한 절망 속에서 점점 나를 포기하고 나를 구원하신 하나님께 감사하게 됩니다. 그래서 열심히 충성하고 봉사합니다.

또한 감당하지 못할 이웃을 자신의 몸과 같이 사랑하려고 합니다. 하지만 이런 신앙생활은 아무리 노력한다 할지라도 목적을 이룰 수 없기 때문에 진리의 길이 아닙니다. 우리 안에 옛사람이 만들어 낸 '우상 예수'이기 때문에 "거기서 나오라"는 것입니다.

옛사람에서 나와서 새사람이 되는 것이 자신이 살 수 있는 모든 것 중의 모든 것인데, 오직 그것만 빼고 다른 일에 열심을 내는 것입니다.

늦은 비

그날에 많은 사람이 주님의 이름으로 능력을 행했다고 할 것이지만, 그때에 "내가 너희를 도무지 알지 못하니 불법을 행하는 자들아 내게서 떠나가라 하리라" 따라서 우리는 성경 말씀을 읽거나 주님의 음성을 들었을 때 오직 그 모든 것을 자신을 고치는 말씀으로 듣게 되면 제대로 방향을 잡은 것입니다. 방향을 잡았다는 것은 각자 자기 십자가를 지고 모든 것을 버리고 예수를 따라나서는 것입니다.

> "자기 십자가를 지고 나를 좇지 않는 자도 내게 합당치 아니 하니라" 마 10:38

주님에 대한 우리의 사랑은 절대적이어야 합니다. 어떤 것도 주님보다 더 사랑해서는 안 됩니다. 우리는 주님만을 사랑해야 하고 반드시 주님께 합당한 사람이 되어야 합니다.

자기 십자가란 무엇입니까? 육신의 생명에 속한 것들의 죽음을 의미합니다. 말씀에 의해서 드러내 고칠 때, 그 손길을 잘 참고 견디면 되는 것입니다. 이런 사람들이 자기 십자가를 지고 예수를 따르는 사람들입니다.

예수를 믿고자 따라나섰다 할지라도 아직 세상으로부터 완전히 절망하지 못한 사람은 필연적으로 되돌아갑니다. 도중에 떠나는 이유는 자신의 옛사람이 드러나 아픔을 겪게 되면 떠납니다. 성경

책에서 말하는 구원은 예수로 인하여 자기 안에 새 생명이 잉태되고, 그 생명이 태어난 후 온전히 자라는 전 과정을 말합니다. 자신이 길을 간 만큼이 구원의 위치요 자기 믿음의 크기입니다.

"여호와께서 그들을 사막으로 통과하게 하시던 때에 그들로 목마르지 않게 하시되 그들을 위하여 바위에서 물이 흘러나게 하시며 바위를 쪼개사 물로 솟아나게 하셨느니라" 사 48:21-22

"내 백성아 바벨론 거기서 나오라" 하시고, 하나님께서 새 일을 약속하십니다. 그분이 바위를 쳐서 물이 솟아나게 하셨습니다. 바위가 쪼개졌다는 것은 예수님이 십자가에 죽는다는 것입니다.

고린도전서 10장 4절에서도 바울이 이렇게 말합니다. "다 같은 신령한 음료를 마셨으니 이는 저희를 따르는 신령한 반석으로부터 마셨으며 그 반석은 곧 그리스도시라" 바울은 성령의 인도함으로 갈라진 반석에서 흘러나온 생수를 가리키며, 이것은 십자가에 죽으시고 부활하신 그리스도에게서 흘러나온 모든 것을 포함한 음료이신 그 영을 의미합니다.

"예수께서 누구든지 목마르거든 내게로 와서 마시라 나를 믿는 자는 성경에서 말씀하신 바와 같이 그 배에서 생수의 강이 흘러나리라"고 말씀하십니다. (요 7:38) 생수의 강이 흘러넘친다는 뜻은 예수를 믿고 따르며 말씀을 먹는 자는 물이 포도주로 변하듯이 성령 즉, 생명의 말씀이 배에서 넘쳐 나온다는 것입니다.

진실로 우리가 예수 그리스도를 믿는다는 것은 신비한 일입니다. 그리스도 안에 사는 자는 겉모양은 달라진 것이 없는데도 완전히 다른 모습으로 살아갑니다. 바로 신령한 반석으로부터 신령한 음료를 마셨기 때문입니다.

믿음의 조상이라 불리는 아브라함은 갈대아 우르에서 나오는 것에서부터 시작했습니다. 갈대아가 다른 말로 '바벨론'입니다. 그곳에서는 구원이 일어날 수 없기 때문입니다. 그래서 하나님은 구약과 신약에서 나의 백성들아 세상에서 나오라고 명령하신 것입니다.

> "여호와께서 아브람에게 이르시되 너는 너의 본토 친척 아비 집
> 을 떠나 내가 네게 지시할 땅으로 가라" 창 12:1

하나님은 아브라함을 당신의 백성으로 부르시자마자 그가 대대로 터를 잡고 살아온 생존의 근거였던 땅을 다 버리게 하셨습니다. 그것은 믿음의 후손인 우리도 하나님의 부르심을 입은 후 가장 먼저 행해야 할 것은, 내가 의지하고 있는 본토 친척과 아비 집을 떠나는 것입니다. 즉 세상적인 삶의 원리인 요소를 버리고 말씀 따라나서는 것이 제대로 그 세상을 나오는 것입니다.

이 세상 것들이 전부인 줄 알고 세상의 힘을 의지하는 사람들에게 천국이 있다는 것을 알게 하십니다. 그래서 주님은 믿음 안에서 천국을 본 이들은 이 세상 것들을 모두 팔아서 그 천국을 산다고 말씀하신 것입니다.

> "천국은 마치 밭에 감추인 보화와 같으니 사람이 이를 발견한
> 후 숨겨 두고 기뻐하여 돌아가서 자기의 소유를 다 팔아 그 밭
> 을 샀느니라" 마 13:44

천국은 마치 무엇과 같습니까? "밭에 감추인 보화"와 같습니다. 그리고 이 보화는 얼마나 귀한 것인지 나 자신의 모든 소유를 팔아서 그 밭을 살 정도로 귀합니다. 이 말씀은 하나님의 은혜로 천국의 소중함을 알게 된 자들은, 이 세상의 그 어떤 것들에도 한눈을 팔지 않고 천국 소망을 가장 가치 있는 것으로 여기며 살게 된다는 것입니다. 하나님의 은혜로, 죄와 허물로 죽었던 우리를 그리스도와 함께 살리셨습니다.

아브라함이 본토 친척 아비 집을 떠나는 과정은 우리가 예수를 믿고 세상을 떠나 하나님의 나라를 향하여 가는 것의 상징인 것입니다. 그리고 성경에서 말하는 하나님의 나라는 죽어서 가는 천국을 말하는 것이 아니라 지금 이 세상에서 내 안에 임하는 나라를 말합니다. 그래서 아무나 예수를 믿을 수 있지만 아무나 하나님의

나라에 들어갈 수 있는 것이 아닙니다. 그래서 주님은 좁은 문으로 들어가라고 하시는 것입니다.

> "좁은 문으로 들어가라 멸망으로 인도하는 문은 크고 그 길이 넓어 그리로 들어가는 자가 많고 생명으로 인도하는 문은 좁고 길이 협착하여 찾는 이가 적음이니라" 마 7:13-14

우리 앞에는 두 종류의 길이 있습니다. 하나는 생명의 길이요 다른 하나는 멸망으로 향하는 길입니다. 이 두 길은 동시에 갈 수 없습니다. 오직 생명으로 가는 길 하나만을 선택해야 합니다. 그런데, 생명으로 인도되는 길은 매우 좁아 찾는 사람이 적습니다. 멸망으로 가는 길은 넓어서 많은 사람들이 그 길을 선택한다는 것입니다.

천국이 좁은 문인 이유는 찾는 이가 적기 때문에 좁은 문인 것이고, 길이 협착한 것입니다. 왜 찾는 이가 적을까요? 그것은 하나님의 나라를 향해서 떠났다가 장애물을 극복하지 못하고 그것에 걸려서 오도 가도 못 하기 때문입니다.

그 장애물은 우리가 분간해 내기 매우 어렵습니다. 우리가 세상을 떠나 말씀 따라 산다고 큰소리치지만, 아직까지 세상 나라에 머물고 있다는 증거입니다. 하나님을 믿는다는 허다한 무리가 그 장애물 때문에 하나님 나라를 가고자 하는 많은 사람들이 들어가지 못하고 세상을 떠나가게 됩니다. 그렇다면 지금 이 시대를 살고 있는 우리는 어떻게 구원을 받는 것일까요?

예수는 이 땅에 오셔서 자신의 제자들을 구원받고 거듭나게 했습니다. 그들은 제자들이요 사도들입니다. 승천하신 후로는 남은 제자들이 이 땅에 남아서 예수가 했던 일, 즉 구원의 일을 하는 것입니다.

생각해 보면, 사도 바울의 경우 그는 그의 교인들에게 구원의 복음을 전했습니다. 이 교인들도 사도 바울의 말씀에 의해서 구원을 받았는데 이 구원은 예수로 말미암은 것입니다. 허다한 무리들은 율법적 신앙생활만 해 놓고 다 된 줄 알고 있지만, 이제 우리 모두는 예수의 구원과 믿음에서 이른 비 단계에서 세월을 보내지 말고, 늦은 비 단계에 도달하여 고침 받고 참다운 예수의 제자로서 세상을 구원해야 합니다.

구체적으로 정리하면, 우리는 태어날 때부터 허물과 죄로 영적으로 죽어 있었습니다. "죄에 대하여"라 함은 하나님과의 관계에서 이해해야 하는 개념입니다. 죄의 종이었던 삶에서 긴 세월 지친 후에 예수 만나고 예수에 의해서 거듭나게 되어 영에 속한 사람이 되면 비로소 참다운 인생을 살 수 있습니다.

거듭나서 하나님께 속한 자가 되면 자신이 진리의 영과 미혹의 영을 구분할 수 있는 잣대 자체가 됩니다. 그렇게 된다면 세상을 이겨 내는 능력을 가지게 됩니다.

예를 들면, 포도나무가 포도 열매를 맺는 것과 같은 이치입니다. 그 사람 자신은 포도나무에 해당됩니다. 그리고 포도나무가 되는 것은 자신 안에 의의 근원인 주님이 임하는 것입니다.

즉 십자가에 죽으시고 부활하신 그리스도의 영이 그 안에 거하여 하나가 되었으니 그 사람에게서 죄의 행위가 나오지 않는 것입니다. 가시나무가 포도나무로 거듭났으니까 절대 가시를 내지 않습니다.

개인의 문제입니다. 저는 초보 시절에 성경을 율법적으로 이해를 하여, 하나님 말씀 안에 속했다는 증거를 얻기 위해서 선교, 기도, 전도를 하고 이웃 사랑하려는 노력을 하는 것에 온 마음과 힘을 다했습니다. 그러나 그렇게 해서는 율법이 요구하는 바를 이룰 수 없습니다. 오직 지치게 할 뿐입니다. 그렇게 지친 사람들에게 주는 말씀이 내 백성아, 거기서 나오라는 것입니다.

> "사랑하는 자여 네 영혼이 잘됨 같이 네가 범사에 잘되고 강건
> 하기를 내가 간구하노라" 요삼 1:2

여기서 분명히 알 수 있는 것은 영적으로 잘되어서 내 안에 성령이 임함으로 우리 인생은 찬란한 영광으로 빛나게 된다는 약속

의 말씀입니다.

> "너희 열조를 본받지 말라 옛적 선지자들이 그들에게 외쳐 가로
> 되 만군의 여호와께서 말씀 하시기를 너희가 악한 길, 악한 행
> 실을 떠나서 돌아오라 하셨다 하나 그들이 듣지 않고 내게 귀를
> 기울이지 아니하였느니라 나 여호와의 말이니라" 슥1:4

하나님은 그의 백성을 은혜로 구원하시고자, 너희 열조를 본받지 말고 악한 행실을 버리고 여호와 하나님의 명령에 순종하며 살아갈 것을 명령하시고 기다리십니다. 그러나 그들은 듣지 않고, 귀를 기울이지도 않습니다. 끝까지 불순종하고 우상을 숭배했던 이스라엘은 결국은 심판을 받아 멸망했고, 약속의 땅에서 쫓겨났습니다.

하나님께서는 각 사람에게 행한 대로 보응하십니다.(롬 2:6) 심는 대로 거두게 하시는 분이십니다. 우리가 하는 모든 것은 육체에 심는 것이거나 그 영에 심는 것 중의 한 가지입니다. 우리가 어디서 무엇을 하든지 씨를 심습니다. 복음을 전하는 자들은 전할 때 심는 것입니다.

> "자기의 육체를 위하여 심는 자는 육체로부터 썩어진 것을 거두고
> 성령을 위하여 심는 자는 성령으로부터 영생을 거두리라" 갈6:8

늦은 비

이 말씀을 확실하게 깨닫는 날이 어김없이 찾아옵니다. 그날은 비가 오고 창수가 나고 바람이 불고 죽음이 오며 위기와 절망의 순간입니다. 최후의 심판이 기다리고 있습니다. 모든 것을 잃어버린 후에 하나님께서 생명의 주관자 되심을 깨달으면 너무 늦습니다. 단 하루라도 빨리 깨닫고 사는 것이 지혜입니다.

성경에서 말하는 방언의 비밀

"방언을 말하는 자는 사람에게 하지 아니하고 하나님께 하나니 이는 알아 듣는 자가 없고 그 영으로 비밀을 말함이니라 그러나 예언하는 자는 사람에게 말하여 덕을 세우며 권면하며 안위하는 것이요 방언을 말하는 자는 자기의 덕을 세우고 예언하는 자는 교회의 덕을 세우나니" 고전 14:2-4

방언은 사람들에게 말하는 것이 아니라 하나님께 말하는 것입니다. 그래서, 아무도 이것을 알아들을 수 없습니다. 다만 자기영 안에서 비밀을 말하는 것이기 때문입니다. 그리고 예언하는 사람은 사람들을 세워 주고 격려와 위로하는 말을 합니다. 방언하는 사람은 자신에게 도움이 되지만, 그러나 예언하는 사람은 교회를 유익하게 한다는 것입니다.

즉 방언을 말하는 사람은 자신이 하는 그 방언을 압니다. 그런데 본인은 모르고 할 수도 있습니다. 왜냐하면, 통역을 받지 못해서입니다.

"그러므로 방언을 말하는 자는 통역하기를 기도할찌니 내가 만일 방언으로 기도하면 나의 영이 기도하거니와 나의 마음은 열매를 맺히지 못하리라 그러면 어떻게 할꼬 내가 영으로 기도하고 또 마음으로 기도하며 내가 영으로 찬미하고 또 마음으로 찬미하리라" 고전 14:13-15

사도 바울은 방언은 알아들을 수 없는 언어이기에 한계점을 지적하면서 통역하기를 기도하라고 권면했습니다. 그러나 방언으로 기도하는 사람의 영은 내면에서 하나님과 소통합니다. 무슨 뜻입니까? 내가 만일 방언으로 기도하고 통역을 안 받아도 괜찮습니다.

문제는 자신이 방언만 하면 답답해합니다. 그래서 열매를 맺지 못합니다. 왜냐하면 나의 영은 기도하지만 생각은 효과를 보지 못하기 때문에, 방언을 하다가 도중에 포기하는 사람이 많습니다. 그러나 영이 기도하면 가치가 있기 때문에 은밀히 방언기도를 하면 알게 됩니다.

그러면 어떻게 해야 되겠습니까?

바울은 그리스도인의 기도는 영으로만 기도하는 것이 아니라, 마음으로 함께 기도해야 한다는 것입니다. 즉, 영으로 기도한다는 것은 방언 기도를 말하는 것이고, 마음으로 기도한다는 말은 자신이 지금 환난과 핍박 중에도 하나님께 어떤 내용으로 기도하는지 깨닫고 있는 상태를 의미합니다.

그렇게 함으로써 영도 하나님을 찬미하고 동시에 그의 마음도 하나님을 찬미하게 됩니다. 성령 하나님께서 그렇게 할 수 있도록 도우십니다. 믿는 자에게는 이런 능력이 다 있습니다.

저는 여러분에게 방언하기를 적극 권면합니다. 그러나 방언을 하면서 삶에서 전혀 본이 되지 않을 때는 그 사람이 하는 방언이 무섭게 들립니다. 우리는 상식을 넘어서면 안 됩니다.

성령의 충만함을 받고 성령이 말하게 하심을 따라 방언(행 2:4)으로 기도하는 사람은 용서할 수 없는 사람을 용서하고, 사랑할 수 없는 사람을 사랑합니다. 진리에 대하여 순종하고 변명을 하지 않습니다. 이것이 사실상 최고의 방언입니다. 따뜻한 언어, 정결케 하는 언어는 바로 관계가 해결되는 언어입니다.

2.

예수님의 일곱 가지 별명

요한복음에는 스스로 소개하는 예수 이름이 일곱 번 나옵니다.

나는 생명의 떡이다.
나는 세상의 빛이다.
나는 양의 문이다.
나는 선한 목자다.
나는 부활이요 생명이다.
나는 길이요 진리요 생명이다.
나는 참 포도나무다.

이처럼 선언하심을 통해서 예수님은 이 땅에 무슨 목적으로
오셨는지를 분명히 드러내신 것입니다.

나는 생명의 떡이다

"예수께서 가라사대 내가 곧 생명의 떡이니 내게 오는 자는 결
코 주리지 아니할 터이요 나를 믿는 자는 영원히 목마르지 아니
하리라 그러나 내가 너희더러 이르기를 너희는 나를 보고도 믿
지 아니하는 도다 하였느니라" 요 6:35-36

예수님은 무리에게 "내가 곧 생명의 떡이니 내게 오는 자는 결
코 주리지 아니할 터이요 나를 믿는 자는 영원히 목마르지 아니하
리라 그러나 내가 너희에게 말하노니 너희는 나를 보고도 믿지 않
는다"고 말씀하신 것은 예수님께서 행하시는 표적을 보고 예수님
을 통해서 육신의 복을 받기 위해서 찾아온 자들이지 예수님을 구
원자로 믿고 영생을 얻기 위해 찾아온 자들이 아니기 때문입니다.

무슨 뜻입니까? 예수는 생명의 떡, 구원을 말하는데 그 떡이 아
닌 것을 구하면 너희는 예수 안 믿는 자라는 것입니다.

주님의 구원에는 관심이 없고 육신의 문제를 해결 받고자 하는

믿음은 믿음이 아니라는 것입니다. "내가 곧 생명의 떡이니 내게 오는 자는 결코 주리지 아니할 터이요 나를 믿는 자는 영원히 목마르지 아니하리라" 그런데 주님께 나갔더니 더 힘들 때가 많습니다. 그러나 주님은 당신께 나오는 자는 결코 주리지 않고 영원히 목마르지 않는다고 하신 뜻은, 진짜 믿음을 가진 사람들은 이 세상 것이 주어지든 주어지지 않든 그런 것과는 상관없이 예수 그리스도를 믿는 믿음으로만도 이미 배부르고 목마르지 않다는 것입니다.

세상 다른 것으로는 절대 해갈이 되지 않습니다. 오직 생수로만 가능합니다. 요한복음 4장에서 사마리아 여인과 같이 때가 된 사람들은 예수만이 생수인 것을 알게 됩니다.

"예수께서 대답하여 가라사대 네가 만일 하나님의 선물과 또 네게 물좀 달라 하는 이가 누구인줄 알았더면 네가 그에게 구하였을 것이요 그가 생수를 네게 주었으리라 여자가 가로되 주여 물길을 그릇도 없고 이 우물은 깊은데 어디서 이 생수를 얻겠삽나이까 우리 조상 야곱이 이 우물을 우리에게 주었고 또 여기서 자기와 자기 아들들과 짐승이 다 먹었으니 당신이 야곱보다 더 크니이까 예수께서 대답하여 가라사대 이 물을 먹는 자마다 다시 목마르려니와 내가 주는 물을 먹는 자는 영원히 목마르지 아니하리니 나의 주는 물은 그 속에서 영생하도록 솟아나는 샘물

늦은 비

이 되리라 여자가 가로되 주여 이런 물을 내게 주사 목마르지도 않고 또 여기 물 길러 오지도 않게 하옵소서 가라사대 가서 네 남편을 불러 오라 여자가 대답하여 가로되 나는 남편이 없나이다 예수께서 가라사대 네가 남편이 없다 하는 말이 옳도다 네가 남편 다섯이 있었으나 지금 있는 자는 네 남편이 아니니 네 말이 참되도다" 요 4:11-18

여기에 야곱의 이름이 나온 것은 사마리아의 조상이 야곱이라는 것입니다. 사마리아는 북이스라엘과 앗수르의 혼혈이기 때문에 이방인들보다 훨씬 무시를 받았는데 야곱의 우물이 바로 사마리아 회복의 시작이 되는 것입니다.

멸시받았던 사마리아는 야곱의 기도 때문에 천 년이 지난 후에도 예수님이 직접 방문하셔서 신실하게 응답해 주십니다. 결국 회복된다는 것이 영적인 원리입니다.

사마리아 여인은 뙤약볕 아래 물을 길으러 정오에 혼자 왔습니다. 주님은 아무 줄 것 없는 여인에게 물을 달라고 하십니다. 이 여인 우리 인생의 비유입니다.

세상에서 우리는 돈, 명예, 권세, 세상 성공, 자기 옳다 함의 믿음 등에 온 인생을 투자합니다. 그런 요소들이 세상 삶에서 우리를 좌지우지하는 남편으로 작용합니다. 이것저것을 바꾸어 보기도 하지만 그 어느 남편도 참만족을 주지 못합니다. 만족하지 못하기 때문에 남편을 바꾸어 보는 것입니다. 사마리아 여인의 이런 모습은 하나님을 떠난 인생들이 이리저리 방황하고 있는 것을 상징적으로 보여 주고 있습니다.

이 여인은 창조주 주님 바로 앞에서 그릇도 없고 우물도 깊어 못한다고 변명합니다. 그런 인생을 살다가 지친 여인처럼 내 문제, 사건에만 사로잡혀 근원적인 것을 보지 못하고 기진맥진해진 사람들을 비유합니다. 계속 육적인 수준에 머물러서 구하니까 "네 남편을 불러 와라"라고 하시며 여자의 쓴 뿌리를 드러내십니다.

여자가 나는 남편이 없다고 대답하니 "그 말이 옳도다", "참되도다"라고 두 번이나 인정해 주십니다. 모든 것을 인정하고 보듬어 주시는 주님의 따뜻함을 체험합니다. 주님은 영원히 솟아나는 생명의 물로 부요하게 해 주시고 줄 것만 있는 인생을 살게 하십니다.

늦은 비

나는 빛이다

"예수께서 또 일러 가라사대 나는 세상의 빛이니 나를 따르는
자는 어두움에 다니지 아니하고 생명의 빛을 얻으리라" 요 8:12

요한복음은 예수 그리스도를 '세상의 빛'으로 소개하고 있습니다. 세상의 빛, 바로 하나님의 영광을 담고 내려오신 예수님은 자신을 세상을 비추는 '빛'이라 말씀하시면서 나를 믿고 따르는 자는 어둠에서 벗어나 생명의 빛을 얻게 된다고 말씀하십니다.

"나는 빛이기 때문에 나를 따르는 자는 어둠에 다니지 않을 것이다"라고 말씀하셨습니다. 왜냐하면 예수님은 '빛'이고 세상 사람들은 '어둠'이기 때문에 하나님의 백성들은 '참빛'이신 예수님을 믿고 그 입에서 나오는 생명의 말씀을 영접해야 하나님의 자녀가 되는 것입니다. '빛'이신 예수님을 믿고 그 입에서 나오는 생명의 말씀을 영접해야 하나님의 자녀가 되는 것입니다.

"다시 내가 너희에게 새 계명을 쓰노니 저에게와 너희에게도 참

된 것이라 이는 어두움이 지나가고 참 빛이 벌써 비췸이니라"

요일 2:8

빛 가운데 거하려면 참빛을 만나야 하고, 이 참빛은 율법적 믿음을 가지고 있는 우리를 복음의 길(구원)로 인도하실 때 하나님께서는 예수 그리스도를 보내어 그 일을 이루십니다.

"내가 그리스도와 함께 십자가에 못 박혔나니 그런즉 이제는 내가 산 것이 아니요 오직 내 안에 그리스도께서 사신 것이라 이제 내가 육체 가운데 사는 것은 나를 사랑하사 나를 위하여 자기 몸을 버리신 하나님의 아들을 믿는 믿음 안에서 사는 것이라" 갈 2:20

예수가 우리를 복음으로 인도하는 길은 나의 옛사람(죄의 나)이 십자가에 못 박히는 과정입니다. 십자가를 지고 예수를 따른다는 것은 특별한 방법이 필요한 것은 아닙니다. 주님께서 육의 생명에 속한 것들을 드러내 고칠 때, 그냥 그 손길을 잘 참고 견디면 되는 것입니다. 예수께서 나를 고치는 고침의 기간으로서 내가 자기 십자가를 지고 자기를 부인하여 예수를 따르는 과정입니다.(마 16:24)

이 참빛은 우리를 예수에 의해서 십자가를 거쳐 하나님과 하나 되는 것입니다. 그러면 명실공히 예수 믿는 자가 됩니다. 이렇게

늦은 비

되면 우리는 빛이신 하나님과 하나가 됩니다. 이러면 하나님의 속성인 사랑을 우리가 받게 됩니다. 하나님과 하나되어 사랑의 형상으로 거듭난 자가 된 것입니다.

이제 사랑의 존재가 된 사람입니다. 비록 그의 행동이 세상 사람의 눈에 미움으로 보일지라도 그 속을 자세히 들여다보면 하나님의 사랑을 실천하는 일인 것입니다. 이런 사랑의 존재는 형제를 미워할 수 없습니다. 만일 그렇다면 그는 빛이신 하나님과 아직 하나되지 못하고 어두움에 거하는 사람입니다.

그리고 이 빛 가운데 거한다는 것은 일시적인 상태를 말하는 것이 아니라, 지금부터 영원토록 하나님과 하나된 관계를 말합니다. 빛 가운데 있는 자는 모든 것을 명확히 볼 수 있습니다. 빛 가운데 있기 때문입니다. 그래서 어두움에 거하는 자와 같이 보지 못하여 걸려 넘어지지 않습니다. 빛 가운데 있는 자는 장애물이 그를 넘어지게 하지 못합니다.

그러니까 엄밀히 말해서 인간을 구원할 수 있는 '온전한 빛'은 오직 예수 그리스도입니다. "나를 따르는 자는 어두움에 다니지 아니하고 생명의 빛을 얻으리라" 우리도 예수의 생명을 받아서 그 생명으로 삶을 살 수 있다는 영광스러운 초청입니다. 우리가 죄를 짓고 안 짓는 것은 자신의 의지에 달린 것이 아니라, 가지고 있는 생명에 의해서 이미 결정되어 있습니다.

그러므로 죄를 짓지 않으려면 새 생명을 얻어야 합니다. 요한의 경우 그가 예수로 인하여 생명의 빛을 얻었다는 것은 예수의 죄 사함을 받고 완전히 어둠 속에서 나오게 되었다는 것을 말합니다. 이와 같이 예수에 의한 죄 사함은 우리의 한두 가지 죄를 용서받는다는 개념이 아니라 원천적으로 죄를 짓지 않게 해 주시는 것입니다.

"생명의 빛을 얻은 것"은 곧 완전한 죄 사함을 받는 것입니다. 세상에 어둠과 악함은 시대만 다를 뿐이지 예나 지금이나 별반 차이가 없습니다. 예수님은 구체적으로 "나는 세상의 빛"이라고 희망을 주십니다. 성경을 해석하는 원칙이 있습니다.

"너희는 여호와의 책을 자세히 읽어보라 이것들이 하나도 빠진
것이 없고 하나도 그 짝이 없는 것이 없으리니 이는 여호와의
입이 이를 명하셨고 그의 신이 이것들을 모으셨음이라" 사 34:36

성경책은 다 짝이 있다고 기록했습니다. 바울과 같은 성령의 사람도 처음에는 자기 뜻대로 믿었습니다. 그는 유대인으로서 예수 믿는 자들을 죽이는 악한 사람이었습니다. 사울은 살기가 등등 하여 다메섹으로 가는 도중 하늘로부터 초자연적인 빛이 비췄고 주의 음성을 직접 들었습니다.

사울이 바울로 변하여 이방의 큰 하나님의 일군으로서 쓰임 받는 것은 그 사람의 결론이지, 그럴 만한 이유나 근거가 있어서 그

렇게 쓰임 받는 것이 아니라는 것입니다.

예수님은 빛입니다. 빛을 가져오는 분도 빛에 대하여 설명하는
분도 아닙니다. 예수님 자체가 빛입니다. 곧 빛이 세상에 왔으나
사람들이 자기들의 행위가 악하기 때문에 빛보다 어둠을 더 사랑
한 것입니다.(요 3:19) 빛이신 하나님을 환영하지 않는 이유는 어둠
이기 때문입니다.

> "우리가 저에게서 듣고 너희에게 전하는 소식이 이것이니 곧 하
> 나님은 빛이시라 그에게는 어두움이 조금도 없으시니라" 요일 1:5

요한은 예수님의 생명을 전하는데 하나님은 빛이고 어둠이 조
금도 없다는 사실입니다. 요한은 하나님께서 만물을 밝히고 지탱
하시는 분으로서의 빛으로 비유를 했습니다.
빛은 어두움이 아닌 것을 빛이라고 하기 때문에, 빛 안에는 어
두움이 있을 수가 없습니다. 조금이라도 있으면 그것은 이미 빛이
아닙니다. 당연한 이치입니다.

> "너희는 세상의 빛이라 산 위에 있는 동네가 숨기우지 못할 것
> 이요" 마 5:14

빛이신 하나님과 하나된 자는 빛과 비슷한 자도 아니고, 빛이

되기 위해서 노력하는 자도 아니고, 빛의 지체를 형성하고 있는
빛 자체입니다.

나는 양의 문이다

"내가 진실로 진실로 너희에게 이르노니 양의 우리에 문으로 들어가지 아니하고 다른데로 넘어가는 자는 절도며 강도요 문으로 들어가는 이가 양의 목자라 문지기는 그를 위하여 문을 열고 양은 그의 음성을 듣나니 그가 자기 양의 이름을 각각 불러 인도하여 내느니라 자기 양을 다 내어 놓은 후에 앞서 가면 양들이 그의 음성을 아는고로 따라오되 타인의 음성은 알지 못하는고로 타인을 따르지 아니하고 도리어 도망하느니라 예수께서 이 비유로 저희에게 말씀하셨으나 저희는 그 하신 말씀이 무엇인지 알지 못하니라 그러므로 예수께서 다시 이르시되 내가 진실로 진실로 너희에게 말하노니 나는 양의 문이라" 요 10:1-7

참목자와 양의 비유입니다. 참목자는 예수입니다. 예수님께서 "양의 문"으로 들어가는 참목자와 다른 문을 통해서 들어가는 거짓 목자들에 대해서 말씀하고 있습니다. 왜냐하면 양들이 참목자를 믿고 따라가면 살 수 있지만 거짓 목자를 따라가면 죽기 때문입니다.

"우리는 다 양 같아서 그릇 행하여 각기 제 길로 갔거늘 여호와께서는 우리 무리의 죄악을 그에게 담당시키셨도다"(사 53:6) 양에 비유하는 것입니다. 우리가 갈 바를 알지 못해서 어두운 세상에서 방황하는 무능한 죄인이었던 성도를 상징합니다. 양은 돌봐 주는 목자가 반드시 있어야 됩니다. 양은 풀과 물 그리고 휴식이 필요합니다.

성경에서 양과 목자가 나올 때 기억할 것은 양은 스스로 살 수 없기 때문에, 그래서 목자가 없으면 그 양이 죽는 것입니다. 하나님께서 인간을 양 떼로 보십니다. 따라서 예수 그리스도에 대하여 "세상 죄를 지고 가는 하나님의 어린양"으로 표현하고 있습니다.

성경에 보면 평강의 하나님 양의 큰 목자이신 우리 주 예수를 죽은 자 가운데서 영원한 언약의 피로 이끌어 내신 분이 그분의 뜻을 행할 수 있도록 모든 선한 것으로 우리를 온전케 해 주시기를 원하십니다.(히 13:20)

> "내가 진실로 진실로 너희에게 이르노니 양의 우리에 문으로 들어가지 아니하고 다른 데로 넘어가는 자는 절도며 강도요 문으로 들어가는 이가 양의 목자라" 요 10:1-2

양의 문으로 들어가지 않고 다른 데로 넘어가는 자는 절도요 강도라는 것입니다. 예수님은 하나님의 씨로 태어나신 분이라 양의 문입니다. "이 비유는 이러하니라 씨는 하나님의 말씀이요"(눅 8:11) 그러니까 약속된 영원 전부터 그 거룩한 씨가 은혜로 침공해 들어오기 전에는 이 세상 어느 누구도 모두 돌밭이요 길가요 가시떨기입니다.

구약 성경에서 가시떨기와 돌밭은 항상 저주의 상태를 가리키는 것들이었습니다. 그러므로 양의 문인 예수를 통해서 하나님의 아들로 거듭난 목자를 참목자라 하는 것입니다. 분명한 것은 오직 예수를 통해서만 구원이 됩니다.

그러나 절도요 강도들인 바리새인들은 자기들이 율법을 온전히 지켜 낼 수도 없으면서, 자기들은 율법과 절기와 제사를 완전하게 지켜 낼 수 있다고 큰소리치며 유대교에 머물렀습니다. 그것이 담을 넘어 들어간 절도와 강도의 정체입니다.

"주께서 환상 가운데 바울에게 말씀하시되 두려워하지 말며 잠 잠하지 말고 말하라 내가 너와 함께 있으매 아무 사람도 너를 대적하여 해롭게 할 자가 없을 것이니 이는 이 성 중에 내 백성 이 많음이라 하시더라" 행 18:9-10

바울이 고린도 교회에서 복음을 전하고 있을 때 유대인들이 그를 방해하고 괴롭혔습니다. 그때 하나님께서 환상 중에 바울에게

"이 성 중에는 이미 내가 택한 내 백성들이 많이 있으니까 말하라"고 말씀하셨습니다. 그 뜻은 하나님의 양들은 이미 하나님께서 택하셔서 세상에 심어 놓으셨다는 것을 알 수 있습니다.

그들을 내 백성이라고 하십니다. 그러니까 하나님의 양들은 하나님께서, 창세전에 택하셔서 양 우리 안에 율법이 다스리는 이 세상 속에 섞어 넣으신다는 것입니다. 그리고는 하나님이 택한 대언자를 보내서 그들을 불러내시는 것입니다.

전지전능하신 하나님, 그분께서 계획하시고 땅을 창조하셨습니다. 그 계획한 목적이 요한계시록에 써 있는 새 하늘과 새 땅입니다. 그렇다면 하나님께서 계획하신 그 나라에 사는 백성들은 언제 정하셨습니까? 창세전입니다.(엡 1:4)

그래서 종말은 세상의 끝임과 동시에 하나님의 목표 지점입니다. 그 목표 지점이 이미 창세전에 계획되어 있었던 것이요. 목자의 음성을 알아듣는 하나님의 백성이 포함되어 있었다는 것입니다.

그 계획 속에 있는 이들은 많은 사람들 중에 특별히 하나님의 사랑을 입은 사람들이 택해진 것입니다. 그런데 그 계획이 하루가 천 년 같고 천 년이 하루 같은 영원 속에서 세워진 것입니다. 우리는 십자가 복음을 잘 알아야 합니다. 그것이 구원의 진리가 되기 때문에 영적 분별력을 가져야 합니다.

늦은 비

"문지기는 그를 위하여 문을 열고 양은 그의 음성을 듣나니 그가 자기 양의 이름을 각각 불러 인도하여 내느니라 자기 양을 다 내어 놓은 후에 앞서 가면 양들이 그의 음성을 아는 고로 따라 오되 타인의 음성은 알지 못하는 고로 타인을 따르지 아니하고 도리어 도망하느니라" 요 10:3-5

참목자는 자기 양의 이름을 하나하나 다 불러 인도해 냅니다. 즉 참목자는 양을 집단으로 보지 않고 개별적으로 본다는 것입니다. 목자의 음성을 알아듣는 양들을 하나님께서 창세전에 미리 정해졌기 때문에 그래서 양들이 그의 음성을 알므로 따라오되 타인의 음성은 알지 못하니 따라오지도 않고 도리어 도망간다는 것입니다.

"나보다 먼저 온 자는 다 절도요 강도니 양들이 듣지 아니하였느니라 내가 문이니 누구든지 나로 말미암아 들어가면 구원을 얻고 또는 들어가며 나오며 꼴을 얻으리라" 요 10:8-9

반드시 예수라는 문을 통하여 들어가야지 예수보다 먼저 온 자는 안 됩니다. 주님은 그런 자들을 절도요 강도라 부르십니다. 그들은 절대로 양들을 그 우리에서 끌고 나오지 못합니다. 율법으로는 안 된다는 것입니다. 오직 길은 그리스도 예수밖에 없습니다. 양에게는 양의 꼴을 주어야 그 양이 구원을 얻고 살아서 양 문밖으로 나올 수 있습니다. 어린양 예수라는 문으로 들어가지 않고 다른 데로 넘어가는 자들은 그 양들에게 먹일 게 없어 결국 죽이게 됩니다.

늦은 비

나는 선한 목자다

"나는 선한 목자라 내가 내 양을 알고 양도 나를 아는 것이 아버지께서 나를 아시고 내가 아버지를 아는 것 같으니 나는 양을 위하여 목숨을 버리노라" 요 10:14-15

예수님께서 나는 선한 목자라고 하십니다. 선한 목자이기 때문에 내 "양"을 알고 "양"도 나를 아는 것인데 이는 아버지께서 나를 아시고 내가 아버지를 아는 것과 같다고 말씀하시면서 나는 양을 구원하기 위하여 목숨까지 버린다고 말씀하고 있습니다.

예수님께서 나는 내 "양"을 알고 "양"도 나를 안다는 것은 마치 포도나무에 가지가 붙어서 나무의 진액을 먹고 살듯이 "양들"은 언제나 목자를 따르며 그 입에서 나오는 말씀을 먹으며 살고 있기 때문입니다.

그리고 참목자를 믿고 따르는 "양들"은 모두 친자식과 같아서 목자는 "양들"을 보호하고 살리기 위해서 모든 희생을 아끼지 아니하며 목숨까지 바친다는 것입니다. 참목자에 대한 그 대표적인 것이 시편 23장입니다.

> "여호와는 나의 목자시니 내가 부족함이 없으리로다. 그가 나를 푸른 초장에 누이시며 쉴만한 물 가로 인도하시는도다 내 영혼을 소생시키시고 자기 이름을 위하여 의의 길로 인도하시는도다" 시 23:1-3

선한 목자이신 예수님이 우리에게 생명의 양식을 공급하시는 것은 하나님의 나라를 인도하는 천국을 말합니다. "여호와는 나의 목자"라고 고백을 하는데 여호와는 예수님을 상징합니다.
따라서 목자가 양을 인도하는 구도인 시편 23편은 우리를 하나님 나라로 인도하시는 주님의 손길을 표현하고 있습니다. 그래서 다윗은 주님을 제대로 깊게 체험하고 예수의 인도함을 받아 하나님의 나라로 가는 과정을 말해 주고 있습니다.

선한 목자가 "나를 푸른 초장에 누이시며" 푸른 초장은 말씀의 양식을 뜻하고, "쉴만한 물 가"는 말씀 체험 부분에 속합니다. "내 영혼을 소생케 하시고 자기 이름을 위하여 의의 길로 인도하시는도다."
다윗이 말하는 것은 우리가 이 세상에서 사는 데 필요한 율법이 아니라 하나님의 나라로 가게 하는 복음을 의미합니다. 즉 다윗은

늦은 비

주님의 말씀을 듣고 체험하게 되니 자신의 영혼이 살아나는 역사가 있음을 고백하는 것입니다. 시냇가에 말씀을 따라 심기면 시절을 좇아 과실을 맺는 것입니다.

시냇가에 심겼어도 과실을 맺는 것은 때가 있는 것입니다. 이른 비, 늦은 비 때가 있어야 열매를 맺게 되는 것입니다. 고통은 지나가고 생각 속에 역사하는 것인데 주제를 알고 순종을 하는 것이 가장 시간을 아끼는 길인데, 거기서 순종을 하지 못하면 열매가 없습니다. 영적 진실은 인내입니다. 때를 기다리고 순종을 잘하는 것이 시냇가에 심긴 나무입니다.

예수를 믿는 것은 그 자리에서 열심을 보이는 것이 다가 아니라, 하나님의 나라로 길을 떠나는 것입니다. 길을 떠날 수 있으려면 영혼을 소생시키는 복음을 듣고 따라나서야 합니다. 그곳은 바로 우리 마음속입니다. 우리 마음속의 성전은 하나님이 지어 주셔야 합니다.

성전 건축의 영적 의미는 우리의 옛사람이 점차 소멸되고 이에 반비례하여 새사람이 자라남을 말합니다. 이 건축이 완성되면 우리 몸은 하나님이 거하실 수 있는 처소가 되는 것입니다. 하나님은 지금도 우리 안에 성전 만들어 영원히 함께하시고자 역사하십니다.

"다윗이 하나님 앞에서 은혜를 받아 야곱의 집을 위하여 하나님의 처소를 준비케 하여 달라 하더니 솔로몬이 그를 위하여 집을 지었느니라 그러나 지극히 높으신 이는 손으로 지은 곳에 계시지 아니하시나니 선지자의 말한바 주께서 가라사대 하늘은 나의 보좌요 땅은 나의 발등상이니 너희가 나 위하여 무슨 집을 짓겠으며 나의 안식할 처소가 어디뇨 이 모든 것이 다 내 손으로 지은 것이 아니냐 함과 같으니라" 행 7:46-50

다윗은 하나님의 처소를 준비하게 해 달라고 기도했습니다. 그곳은 바로 우리 마음속입니다. 우리 마음속의 성전은 하나님이 지어 주셔야 합니다. 하나님께서 다윗이 전쟁에서 피를 많이 흘렸기에 성전 건축을 거절하셨지만, 그 마음은 기뻐 받으십니다.

다윗은 그리스도로 인하여 영원한 왕위를 이어 갈 것이기 때문에, 하나님이 그 영원한 집을 다윗을 위해 지어 주겠다며 다윗 언약을 주십니다. 그러니까 마음속의 성전은 하나님이 예수를 통해서 지으신 성전입니다. 다윗이 "여호와는 나의 목자시니 (예수님이 함께하시니) 부족함이 없다"고 고백하는 것입니다.

나는 부활이요 생명이다

"예수께서 와서 보시니 나사로가 무덤에 있은지 이미 나흘이라 베다니는 예루살렘에서 가깝기가 한 오리쯤 되매 많은 유대인이 마르다와 마리아에게 그 오라비의 일로 위문하러 왔더니 마르다는 예수 오신다는 말을 듣고 곧 나가 맞되 마리아는 집에 앉았더라 마르다가 예수께 여짜오되 주께서 여기 계셨더면 내 오라비가 죽지 아니하였겠나이다 그러나 나는 이제라도 주께서 무엇이든지 하나님께 구하시는 것을 하나님이 주실 줄을 아나이다 예수께서 가라사대 네 오라비가 다시 살리라 마르다가 가로되 마지막 날 부활에는 다시 살 줄을 내가 아나이다 예수께서 가라사대 나는 부활이요 생명이니 나를 믿는 자는 죽어도 살겠고"

요 11:17-25

예수께서 베다니에 와서 보시니, 나사로가 이미 무덤에 묻힌 지 나흘이나 되었습니다. 예수님을 학수고대했던 마르다가 예수님을 만나자마자 "주님, 주님이 여기에 계셨더라면 제 오빠가 죽지 않았을 것입니다"라고 원망합니다.

"그러나 이제라도 주님이 구하시기만 하면, 하나님께서 다 이루어 주실 줄 압니다." 즉 예수님께서 만일 하나님께 나사로를 살려 달라고 구한다면 하나님께서 죽은 나사로도 살려 주실 것이라는 뜻입니다.

마르다의 말을 들으신 예수님은 "마르다야, 네 오빠가 다시 살아날 것이다.", "예, 그렇습니다. 마지막 날 부활할 때, 제 오빠가 다시 살아날 것이라는 사실은 저도 압니다."(요 11:25)

예수께서 마르다에게 말씀하셨습니다. "나는 부활이요 생명이다. 나를 믿는 자는 죽어도 죽지 않고 살 것이다." 마르다는 예수님께 그러나 나는 지금이라도 주께서 무엇이든지 하나님께 구한다면 하나님께서 들어주실 줄을 안다고 말씀드리고 있습니다.

예수님은 죽은 나사로가 지금 다시 살아날 것이라고 말씀하시는 반면에 마르다는 나사로가 지금 살아나는 것이 아니라 "마지막 날(종말)"에 다시 살 줄을 안다고 마르다는 알고 있는 것입니다.

이렇게 마르다는 예수님이 말씀하시는 뜻을 모르고 자기의 생각으로 말하고 있습니다. "육"의 생각은 사망이요. "영"의 생각은 생명과 부활입니다. 이것은 우리의 다음과 같은 모습을 상징하고 있습니다.

늦은 비

"성경에 일렀으되 오늘날 너희가 그의 음성을 듣거든 노하심을 격동할 때와 같이 너희 마음을 강퍅케 하지 말라하였으니" 히 3:15

히브리서 기자는 오늘날 너희가 하나님의 말씀을 듣거든 마음을 강퍅하게 하지 말라고 합니다. 하나님의 말씀은 수시로 여러분 앞에 놓이게 될 것입니다. 이 말씀이 들리게 되면 여러분은 생명과 부활을 취하게 되는 것입니다.

말씀이 들리지 않으면 아직까지 귀가 막히고 눈이 가린 모습이고, 마르다같이 지금 살아나는 것이 아니라 "마지막 날(종말)"에 다시 살 줄을 안다고 알고 있는 것입니다.

우리는 예수를 믿습니다. 그런데 잘 생각해야 합니다. 왜냐면 많은 사람이 주의 이름으로 선지자 노릇 하며 주의 이름으로 많은 권능을 행하고 봉사하는 것으로 예수 믿는다고 생각합니다. "그때에, 주님은 내가 너희를 도무지 모른다. 불법을 행하는 자들아 내게서 떠나가라"고 하십니다. (마 7:23)

우리가 예수를 열심히 믿었어도 잘못 믿었기 때문에 하나님 나라에 들어가지 못하는 것과 같습니다. 우리는 이 세상에 태어날 때 가지고 온 생명을 육이라고 합니다. 우리가 이 생명을 가지고 살게 되면 우리가 아무리 아름다운 모습으로 삶을 치장을 하려고 해도 결국 회한에 찬 인생으로 마감하게 되는 것입니다. 아직 안

죽어 봐서 모르겠다고 하시는 분들은, 병원 중환자실에 가서 죽기 직전의 사람들을 만나 보면 알 수 있습니다.

이제 이런 육의 생명에 대비되는 영의 생명이 있습니다.

> "육으로 난 것은 육이요 성령으로 난 것은 영이니 내가 네게 거
> 듭나야 하겠다 하는 말을 기이히 여기지 말라" 요 3:6-7

우리가 태생적으로 가지고 온 육의 생명이 예수의 말씀으로 거듭나게 되면 영원한 생명이 우리에게 임하게 됩니다. 이것이 영으로 다시 한번 나는 것이고, 이런 생명을 받은 우리는 예수 그리스도의 생명으로 이 세상을 살게 됩니다.

주님은 조건이나 환경, 선한 행위 그 어떠한 것에도 관심이 없습니다. 오직 하나! '성령으로 거듭났느냐? 아니냐?'에만 관심이 있으십니다. 예수의 생명으로 사는 삶은 타락한 인간의 삶이 아닙니다.

다시 거듭나 재창조된 삶은 참으로 귀하고 귀합니다. 오직 사랑과 평강으로 사는 삶입니다. 요한은 그 예수의 생명을 영원한 생명이라고 말합니다. 우리가 어떤 삶을 사느냐는 것은 노력으로 이루어지는 것이 아닙니다. 즉 내가 육의 삶을 살 것이냐 아니면 영의 삶을 살 것이냐는 선택의 문제가 아닙니다.

자신이 가지고 있는 것이 육의 생명이면 육의 삶을, 영의 생명을 가지고 있으면 영의 삶을 사는 것입니다.

"나는 부활이요 생명이다" 나를 믿는 사람은 죽는다 해도 산다고 선포하신 것은 놀라운 진실입니다. 예수님은 나사로가 병들었다는 전갈을 받고서도 일부러 이틀 후에 오셨습니다. 이미 나사로가 죽은 지가 나흘이 되었습니다.

예수님은 "내가 그렇게 한 것은 너희를 믿게 하려 함이라"(요 11:15) 죽은 지 나흘이 지나 살리신 것을 통해서 부활을 믿게 하신 것입니다.

예수님의 시간과 인간의 시간은 다릅니다. 옛사람이 죽은 후에 다시 살리는 것입니다. 간격은 믿음입니다. 믿음의 과정은 기다리는 것입니다. 내 시간이 아니라 하나님의 시간입니다.

나사로는 죄로 죽었던 자가 예수님의 말씀에 의해서 새로운 생명을 받는 것을 상징합니다. 그는 거듭난 자의 모형입니다.

예수께서 자신이 곧 부활이요 생명이라고 말씀하신 것은, 예수와 함께하는 자에게 주어지는 부활과 생명의 현재성을 말하는 것입니다. 예수가 가시는 곳 어디에나 부활과 생명이 있습니다.

부활과 생명은 서로 연결된 하나입니다. 부활은 원인이고 생명은 그것의 결과입니다. "나를 믿는 자"는 예수와 하나됨을 말합니다. 말씀이신 예수를 따라나서 연합하여 자기 십자가에 죽고 다시 살아남으로써 이루어집니다.

"만일 우리가 그의 죽으심을 본받아 연합한 자가 되었으면 또한 그의 부활을 본받아 연합한 자가 되리라" 롬 6:5

예수 믿는 것은 자신의 삶 속에서 말씀이신 예수를 만나 그분에 이끌린 삶을 사는 것으로 시작합니다. 이것이 예수와의 연합의 시작입니다.

예수의 씨가 개별적으로 내게 오고 그로 인하여 나(옛사람)와 예수가 함께 죽고 다시 살아야 나에게 생명이 온다는 것입니다. 그리고 이것은 우리 육신의 생명이 살아 있을 때 일어나는 일입니다.

이렇게 대신 죽는 것이 가능한 것은 오직 예수와의 연합에 그 비밀이 있습니다. 부활은 신비로운 것입니다. 성경이 우리에게 전하고자 하는 부활은 여기서 부활입니다.

이것은 말씀이신 예수를 만나 옛사람이 십자가에 못 박히고 이어서 예수와 연합하여 새로운 사람으로 거듭나는 것이 참부활입니다. 예수님은 이 부활을 주시려고 오신 것입니다.

"그리스도께서 죽은 자 가운데서 다시 살아나셨다 전파 되었거

늦은 비

늘 너희 중에서 어떤 이들은 어찌하여 죽은 자 가운데서 부활이 없다 하느냐 만일 죽은 자의 부활이 없으면 그리스도도 다시 살지 못하셨으리라" 고전 15:12-13

사람들은 죽음으로 끝이라고 생각하지만, 아닙니다. 그 증거가 있습니다. 예수님이 부활하셨습니다. 예수만 부활한 것이 아니라, 예수님이 죽기 전에 살려 낸 자가 나사로입니다. 그는 이미 죽어서 무덤에 있습니다. "나사로야 나오라." 죽은 자가 수족을 베로 동인 채 나왔다는 사실입니다.

"무릇 살아서 나를 믿는 자는 영원히 죽지 아니하리니 이것은 네가 믿느냐" 요 11:26

무릇 살아서라는 의미는 누구든지 다시 살아서(부활하여) 얻게 된 그런 생명을 가진 자는 영원히 죽지 않습니다. 살아서 예수를 믿는 자는 예수와 연합하여 십자가 죽고 다시 산 자입니다. 누구든지 살아서(부활하여) 나를 믿는 자는 영원히 죽지 않을 것이라는 말씀입니다.

신앙은 역설입니다. 우리는 모두 죽지만. 그러나 우리는 죽지 않습니다. 우리 생명은 영원하다는 이 역설이 우리의 신앙입니다. 신앙은 믿음에서 시작되고, 믿음은 지혜입니다. 하나님은 자기가 선택한 백성들에게 환난으로 어려운 환경을 허락하십니다.

"나는 빛도 짓고 어두움도 창조하며 나는 평안도 짓고 환난도 창조하나니 나는 여호와라 이 모든 일을 행하는 자니라 하였노라" 사 45:7

이것이 육으로 보면 저주 같지만, 축복입니다. "징계는 다 받는 것이거늘 너희에게 없으면 사생자요 참 아들이 아니니라"고 했습니다. 징계를 통해서 내 정체를 알게 됩니다. 늦었지만 그때가 하나님의 그릇으로 쓰임 받을 만한 기도가 나옵니다.

부활은 인간 측에서 보면 영원한 생명입니다.

"예수께서 가라사대 나는 부활이요 생명이니 나를 믿는 자는 죽어도 살겠고" 요 11:25

우리 생각은 '처음에 나사로가 병들었을 때 능력으로 빨리 와서 고쳐 주시지!' 입니다. 그러나 주님은 그것을 원치 않으십니다.

육신 생각은 사망입니다. 그것은 건강을 회복시켜도 또 죽습니다. 율법 아래 자신의 옳다 함으로 무덤에 매여 버린 것입니다. 그 인간의 본질이 나흘이 되어야 완전히 썩는 것입니다. 그때 주님이 찾아 오십니다.

늦은 비

예수님께서 "나는 부활이요 생명이다"라고 말씀하시고, 큰 소리로 "나사로야 나오라" 부르시니 죽은 자가 살아 나옵니다. 인간의 계획대로 되지 않는 것이 하나님의 은혜입니다. 이것을 알면 심령이 가난해집니다.

가난하다는 원어 '웅크리다'에서 유래된 말입니다. 더는 기댈 곳이 없는 사람 그래서 겸손할 수밖에 없는 사람이 바로 주님이 말씀하시는 가난한 자입니다.

"심령이 가난한 자는 복이 있나니 천국이 저희 것 임이요" 마 5:3

주님은 그 이유가 천국이 그들의 것이기 때문이라고 하십니다. 천국이 죽어서만 가는 미래가 아니라 지금 이 순간 천국이 그들의 것이라는 것입니다.

즉 심령이 가난한 사람들이 복이 있는 것이며, 바라는 것을 실상으로 놓는 것이 복이라는 것입니다. 내가 가난해질 수밖에 없는 환경이야말로 천국을 소유할 수 있는 자격을 갖추는 이것이 축복입니다.

사실 저는 남편의 질병으로 인하여 한동안 매여 있었습니다. 그게 너무 막막하여 그저 입만 열면 성경 말씀을 근거로 남편을 향한 기도와 말씀 묵상에 주목했을 뿐입니다. 솔직히 말하면 남편은 장로이고, 부인은 목사입니다. 아직도 일가 친척이 주님을 영접하지 못한 이들이 있습니다.

　남편이 항암치료 중일 때, 새벽 미명에 기도하는데 갑자기 "중언부언 기도하지 마." 남편이 소리쳤습니다. 의식주 기도한 것도 아닌데, 그 당시는 이해가 되지 않았지만 말씀을 통해서 크게 깨닫는 계기가 되었습니다.

> "여호와께서 권능으로 내게 임재하시고 그의 영으로 나를 데리고 가서 골짜기 가운데 두셨는데 거기 뼈가 가득하더라 나를 그 뼈 사방으로 지나가게 하시기로 본즉 그 골짜기 지면에 뼈가 심히 많고 아주 말랐더라" 겔 37:1-2

　인생을 살다 보면 인생의 소망이 완전히 무너지는 순간을 경험하게 됩니다. "본즉 그 골짜기 지면에 뼈가 심히 많고 아주 말랐더라" 이것은 죽은 것과 다름 없는 생명이 없는 죽은 무덤들입니다.

　저는 미국에서 사이리니 교회 말씀으로 성도들이 살아나는 것을 목도합니다. 그들은 예전에는 삶을 살기는 사는데 혼돈 속에서 살던 사람들입니다. 그런데 말씀을 듣고 점진적으로 그들의 삶은 인격적으로 새롭게 변해지는 것을 볼 수 있습니다. 오직 생명의 말씀에 의해서 이렇게 죽었던 자들이 살아나는 것입니다. 이것이 죽은 뼈가 살아난다는 의미입니다.

"이에 내가 명을 좇아 대언하니 대언할 때에 소리가 나고 움직이더니 이 뼈, 저 뼈가 들어 맞아서 뼈들이 서로 연락하더라 내가 또 보니 그 뼈에 힘줄이 생기고 살이 오르며 그 위에 가죽이 덮이나 그 속에 생기는 없더라 또 내게 이르시되 인자야 너는 생기를 향하여 대언하라 생기에게 대언하여 이르기를 주 여호와의 말씀에 생기야 사방에서부터 와서 이 사망을 당한 자에게 불어서 살게 하라 하셨다 하라 이에 내가 그 명대로 대언하였더니 생기가 그들에게 들어가매 그들이 곧 살아 일어나서 서는데 극히 큰 군대더라" 겔 37:7-10

하나님의 말씀을 에스겔이 대언하니 마른 뼈들이 살아나는 현장입니다. 이 현장이 사이리니 교회에서도 일어났습니다.

하나님이 생기를 넣어 주시지 않으면 도저히 일어설 수 없는 자들에게 주의 명령대로 생기에게 선포하였더니 사방에서부터 생기가 불어와 이 사망의 무덤에 있는 자들 속으로 들어갔습니다. 그러자 그들이 즉시 살아나서 모두 제 발로 일어났는데, 보니 큰 군대였습니다. 그러니까 그들이 거듭나 살아났다는 것입니다.

"그러므로 너는 대언하여 그들에게 이르기를 주 여호와의 말씀에 내 백성들아 내가 너희 무덤을 열고 너희로 거기서 나오게 하고 이스라엘 땅으로 들어가게 하리라 내 백성들아 내가 너희 무덤을 열고 너희로 거기서 나오게 한즉 너희가 나를 여호와인

줄 알리라" 겔 37:12-13

이 말씀을 우리에게 적용하면 사망의 무덤과 같은 물질, 질병, 환경이라는 현실의 갇힌 무덤을 열고 거기서 나오게 하는 것이 부활입니다. 전에 미국에서 이른 새벽에 "늦은 비 학교다."라고 귀에 들렸던 그 음성이 분명하게 이해되고 알게 되었습니다. 내가 주님의 기쁨이 된다면, 『늦은 비』 책은 곤고한 사람들이 살아날 줄로 믿습니다.

바로 아직 율법 아래(무덤) 있는 지체들에게 생기를 불어넣어 줘야 한다는 것입니다. 입술로만 "예수 믿으라.", "생기야 들어가라." 하면 안 됩니다.

먼저 내가 보이지 않는 하나님의 형상과 모양으로 다가가야 합니다. 그 지체가 나로 인해 거듭나게 하려면 믿음은 들음에서 납니다. 그러므로 활력 있는 그리스도의 말씀을 전해서 살이 오르도록 입히고 가죽으로 덮어 주어야 합니다.

그렇게 한 후에 생기를 불어넣어야 살아(부활)납니다. 율법 아래 갇힌 무덤에서 살아날 수 있도록 손잡아 줘야 합니다. 죄의 본성의 지배를 받는 사람의 생각은 죽음이지만, 성령의 지배를 받는 사람의 생각은 생명과 평강입니다.

저는 뛰어난 체험을 가지고 있다고 주장하고 싶지는 않지만, 주님을 기뻐하는 법에 대해서는 조금 안다고 말하고 싶습니다. 그리고 생명의 부활로 자신을 계시하시는 것만큼 저의 마음을 온전한 사랑으로 일깨우는 것은 아무것도 없다는 사실을 확신하게 되었습니다. 주 예수 그리스도, 그분이 누구이며 그분 안에서 내가 누구인지를 알게 하셨습니다. 이것이 비밀입니다.

십자가를 통과하게 되면, 오직 주님 한 분만 남게 됩니다. 인생의 궁극적인 목적은 실패와 성공이 아닙니다. 하나님을 알고 이 땅에 메시아로 오신 예수 그리스도를 믿고 구주로 영접하여 물과 성령으로 거듭나 새사람이 되는 것입니다. 그 이상도 그 이하도 아닙니다.

> "우리가 알거니와 우리 옛 사람이 예수와 함께 십자가에 못 박힌 것은 죄의 몸이 멸하여 다시는 우리가 죄에게 종 노릇 하지 아니하려 함이니 이는 죽은 자가 죄에서 벗어나 의롭다 하심을 얻었음이니라 만일 우리가 그리스도와 함께 죽었으면 또한 그와 함께 살 줄을 믿노니" 롬 6:6-8

내가 예수와 함께 십자가에 죽고 부활해야 합니다. 오직 예수 그리스도가 이끄는 손길을 체험하고 그 믿음으로 연합하는 것만이 옛사람의 처리가 가능합니다.

그 예수를 직접 체험함으로 만나는 것으로 시작되고, 십자가에 죽고 부활함으로 완성이 되는 것입니다. 기독교 신앙은 이른 비 예수를 거쳐 늦은 비 그리스도 영이 내 안에 임하여 하나가 되는 것입니다.

내가 길이요 진리요 생명이다

"너희는 마음에 근심하지 말라 하나님을 믿으니 또 나를 믿으라 내 아버지 집에 거할 곳이 많도다 그렇지 않으면 너희에게 일렀으리라 내가 너희를 위하여 처소를 예비하러 가노니 가서 너희를 위하여 처소를 예비하면 내가 다시 와서 너희를 내게로 영접하여 나 있는 곳에 너희도 있게 하리라 내가 가는 곳에 그 길을 너희가 알리라 도마가 가로되 주여 어디로 가시는지 우리가 알지 못하거늘 그 길을 어찌 알겠습니까 예수께서 가라사대 내가 곧 길이요 진리요 생명이니 나로 말미암지 않고는 아버지께로 올 자가 없느니라" 요 14:1-6

그동안 예수님을 구원자로 믿고 주로 섬기며 따랐던 예수님의 제자들은 예수님이 떠난다고 하니 실망과 근심이 생긴 것입니다. 제자들이 근심하는 것을 아시고 "너희는 마음에 근심하지 말라 하나님을 믿으니 또 나를 믿으라" 말씀하셨습니다.

예수님은 공생애를 마치신 후, 십자가를 앞에 두고 제자들에게

"내 아버지 집에 거할 곳이 많도다 내가 너희를 위하여 처소를 예비하면 내가 다시 와서 너희를 내게로 영접하여 나 있는 곳에 너희도 있게 하리라"고 하셨습니다.

내가 너희를 위하여 처소를 예비하러 간다는 말씀의 영적 의미는, 예수께서 십자가에 죽으시고 부활하신 분이 성령으로 제자들의 몸을 성전 삼아 거하게 될 것을 말하고 있습니다.

이때가 오순절이며 공생애 기간을 통하여 처소를 마련하신 제자들 각 개인들의 몸입니다. 그때 이후로 제자들의 몸을 성전 삼아 영원토록 함께하십니다.

이렇게 성령이 임하니 제자들도 은혜와 진리가 충만하여 큰 권능으로 말씀을 증거할 수 있게 됩니다. 우리들도 제자의 과정을 거치면 하나님의 영이 거하시는 성전이 됩니다.

결국 우리의 옛사람이 점차 소멸되고 이에 반비례하여 새사람이 자라남을 뜻합니다. 하나님이 우리를 변화시키는 영적 원리는 우리 안에 성전을 건축하시고 직접 임하시는 것입니다.

"너희가 하나님의 성전인 것과 하나님의 성령이 너희 안에 거하시는 것을 알지 못하느냐" 고전 3:16

하나님이 거하시는 처소는 성막 → 성전 → 예수님의 몸 → 제자들의 몸 → 성도들의 몸으로 점진적으로 계시되고 있습니다. 우리의 몸도 제자들과 같은 과정을 거치면 하나님이 거하시는 성전이 됩니다.

하나님이 우리를 변화시키는 원리는 우리 안에 성전을 건축하시고 직접 임하시는 것입니다. 예수님께서 거하실 처소를 예비하러 가신다는 것은 곧 제자들 몸 안의 마음을 비유로 말씀하신 것입니다.

> "내가 아버지께 구하겠으니 그가 또 다른 보혜사를 너희에게 주사 영원토록 너희와 함께 있게 하시리니 저는 진리의 영이라 세상은 능히 저를 받지 못하나니 이는 저를 보지도 못하고 알지도 못함이라 그러나 너희는 저를 아나니 저는 너희와 함께 거하심이요 또 너희 속에 계시겠음이라" 요 14:16-17

"저는 진리의 영이라" 실제는 영입니다. 예수님으로 계실 때는 실제로 내 안에 거하지 않았습니다. 예수님이 십자가에 죽어 부활하신 분 그리스도가 내 안에 진리의 영으로 오십니다.

> "그 날에는 내가 아버지 안에, 너희가 내 안에, 내가 너희 안에 있는 것을 너희가 알리라" 요 14:20

이 말씀은 진리이신 하나님과 하나된 사람을 말합니다. 내 안에 진리의 성령으로 임한 사람은 영원토록 하나님과 함께하는 사람이 됩니다.

'잔느 귀용'은 오직 예수 그리스도 외에는 다른 길이 없는 사람이었습니다. 잔느 귀용은 17세기를 대표하는 영성의 여인입니다. 그녀의 본격적인 불행은 열여섯의 나이에 스물두 살 연상의 남자와 결혼으로 시작되었습니다. 그녀는 병든 남편을 수발하고 시어머니에게 학대를 당하며 비참한 결혼 생활을 했습니다. 그러나 그녀는 그런 상황에도 오직 길과 진리요 생명이신 하나님만을 의지하며 성경을 깊이 깨닫게 되었습니다.

그녀는 남편과 사별한 후 깨달은 말씀을 토대로 많은 책을 저술했는데, 그로 인해 인생에서 또 다른 고난이 찾아왔습니다. "누구나 하나님께 직접 나가 기도할 수 있다."는 것을 가르쳤다는 이유로 천주교 당국에 1년간 수녀원 감금된 것입니다.

그 이후로도 이단으로 정죄 당하여 악명 높은 바스티유 감옥에 7년간 투옥되고, 그것도 모자라 긴 세월 유배 생활까지 했습니다. 그럼에도 불구하고 그녀는 길이요 진리이신 생명의 말씀을 깨달은 것뿐인데 비참한 고난들이 이어진 것입니다.

그러나 잔느 귀용은 억울함을 함구하고 갖가지 고난을 기꺼이 받아들이고 부끄러이 여기지 않았습니다. 시어머니가 천연두 치료를 받지 못하게 해서 흉한 얼굴이 됐는데도 그녀는 원망하지 않았습니다. 억울한 일을 당하면 당할수록 오직 길이신 주님만을 전폭적으로 의지하고 어린아이와 같이 거룩하고 단순한 삶을 살았습니다.

정말 잔느 귀용만큼 인생의 고난을 많이 겪은 사람이 있을까요? 아마도 성경의 욥을 제외하고 그만큼 인생의 험악한 고난을 많이 겪은 사람은 드물 것입니다.

지금 억울한 고난을 당하고 있습니까? 내가 나를 증명할 필요 없습니다. 진리이신 예수님의 권세가 이렇게 대단합니다. 그래서 그는 길이요 진리요 생명이신 권세로 이겨 내었습니다.

오직 말씀 따라 생명으로 살 때 고난의 풀무 불에서 열정적으로 예수님을 만난 사람, 그래서 정금같이 단련된 사람, 그는 말할 수 없는 고난과 핍박, 오해와 정죄 속에서도 하나님을 향한 그의 사랑은 깊어만 갔습니다. 그는 글쓰기를 게을리하지 않았고 침묵과 묵상을 통해 주님과 만나는 일을 쉬지 않았습니다.

결국 그는 고난을 이겨 내고 정금같이 되어 교회사를 빛내는 인물이 되었습니다. 이와 같이 우리가 하나님 안에 거하게 되는 것은 내 열심에 따라서 이루어지는 것이 아니라, 하나님과 하나가 됨으로 이룰 수 있는 것입니다. 영적으로 가난한 자들이었던 예수의 제자들은 복음을 들을 수가 있었고 그래서 종국적으로 인생에 희년을 맞고 자유를 누릴 수가 있었습니다.

희년은 히브리어로 '요벨'인데, '뿔 나팔 소리'란 뜻입니다. 나팔을 불어 자유의 기쁨을 선포하는 해라고 해서 이런 이름이 붙여졌습니다. 그러므로 예수님께서 자기를 믿는 유대인들에게 "너희가 내 말에 거하면 참 내 제자가 되고 진리를 알지니 진리가 너희를 자유롭게 할 것이다"라고 말씀하셨습니다. (요 8:31-32)

진리는 예수님의 말씀을 말하는데 진리를 안다는 것은 말씀 속에 감추어져 있는 영적인 비밀을 알게 된다는 것입니다. 그리고 진리가 너희를 자유롭게 해 준다는 것은 말씀의 영적인 의미를 알게 되면 하나님의 뜻을 알게 되고 하나님의 뜻을 알게 되면 지금까지 인간적으로 믿었던 기복신앙에서 벗어나 진정한 자유와 평강을 누리게 된다는 것입니다.

> "주의 성령이 내게 임하셨으니 이는 가난한 자에게 복음을 전하
> 게 하시려고 내게 기름을 부으시고 나를 보내사 포로된 자에게
> 자유를, 눈먼 자에게 다시 보게 함을 전파하며 눌린 자를 자유
> 케 하고" 눅 4:18

예수님은 성령을 받았기에 가난한 자에게 오셨습니다. 영혼 내면에 가난함이란 무엇을 말합니까? 인생에서 지쳐 쓰러져 탕자

늦은 비

체험을 한 사람을 두고 말합니다. 즉 하나님께서 통치하시는 나라를 말합니다.

여기서 가난한 자란, 물질, 명예, 권력, 건강을 말하는 것이 아니라 그런 것과 상관없이 지난 자신의 삶에서 만족을 느끼지 못하고 혼돈하고 공허함을 느끼게 된 사람들을 말합니다. 오직 이들에게 복음이 전해지게 됩니다. 그래서 가난한 자에게 복음을 전한다고 한 것입니다.

그렇다면 부자인 자들에게는 복음이 전해지지 않는 것일까요? 그렇지는 않습니다. 부자들에게도 복음이 전해지기는 하지만 그들은 복음을 복음으로 듣지 못합니다.

자신들의 인생에 있어서 영적인 가난함을 체험하지 못했으면 아무리 복음이 그들에게 전해진다 해도 그들은 복음을 복음으로 인식할 수 없습니다. 실상은 영적으로 곤고한 자입니다.

예를 들어서 복음이신 예수가 이천여 년 전에 유대 땅에 오셨습니다. 그때 바리새인들과 서기관들, 그리고 많은 무리들은 복음인 예수를 배척했습니다. 왜 그랬을까요?

그들은 가난한 자들이 아니었고 부자들이었기 때문입니다. 반면 영적 가난한 자들이었던 예수의 제자들은 복음을 들을 수가 있었고 그래서 종국적으로 인생에 자유함을 누릴 수가 있었습니다.

구체적으로 포로 된 자, 눈먼 자, 눌린 자란 한마디로 죄인들이고 이들을 구원하여 자유케 하게 하기 위해서 오신 것입니다. 우리가 일반적으로 생각하는 포로 된 자, 눈먼 자, 눌린 자는 이 세상을 살 때 일이 잘 안 풀리고 압제당하는 자라는 생각을 가지게됩니다. 그래서 그런 자신의 처지를 알고 그곳에서 건져 줄 예수로 생각하게 됩니다. 예수님은 분명히 이렇게 말씀하십니다.

"예수께서 대답하시되 내 나라는 이 세상에 속한 것이 아니라 만일 내 나라가 이 세상에 속한 것이었더면 내 종들이 싸워 나 유대인들에게 넘기우지 않게 하였으리라 이제 내 나라를 여기 속한 것이 아니니라" 요 18:36

예수님이 견고케 하시고자 하는 나라는 이 세상 나라가 아닙니다. 그리고 예수에 의해서 죄 사함을 받는다는 것이 그렇게 교회 열심히 다니고 충성 봉사한다고 이루어지는 일일까요? 예수님이 제자들의 죄 사함을 받게 하기까지 3년 반이란 세월과 부활 후 40일이라는 기간이 필요했습니다.

예수님이 말씀하시는 포로 된 자란 하나님을 떠나서 죄에게 종노릇하는 자들을 말하고, 눈먼 자는 진리를 떠나서 거짓된 것을 믿고 옳다고 따르는 영적 소경들을 말하고, 눌린 자도 죄와 사단의 종노릇하여 눌린 인생을 사는 우리들을 말합니다.

늦은 비

사실 예수를 전하되 '다른 예수'를 전하고 있는 자들이 포로 된 자요, 눈먼 자요, 눌린 자들입니다. 이들은 가진 것이 많고 가족이 화목해도 인생의 참의미를 찾지 못해 눈이 먼 것이고, 예수를 전해도 포로 된 자입니다.

우리 인생은 그런 것과 상관없이 인생 본연의 문제가 있는 것입니다. 바로 하나님을 떠난 문제입니다. 예수님은 이런 우리를 하나님과 다시 하나되게 하심으로 그 문제로부터 자유케 하기 위해서 오신 것입니다. 이것이 구원이고, 죄 사함입니다.

포로 된 자, 눈먼 자, 눌린 자들은 스스로 자유케 될 수 없습니다. 다만 주님께 의지하고 끝까지 주님을 따라나설 때 우리 인생은 자유롭게 될 것입니다. 주님께서 이 일을 이루어 주십니다. 그래서 예수님은 우리가 이 과정에서 낙망하지 말고 항상 기도할 것을 말씀하셨습니다. (눅 18:1)

〈사이리니 장 집사님 간증〉
어느 날 가만있었는데 나에게 "길이요 진리"가 찾아왔습니다. 성경은 하나님의 감동으로 쓰여졌기에 성령이 아니고는 알 수가 없습니다. 하나님께서 나를 불쌍히 여기사 말씀을 듣게 하시고 깨닫게 하셔서 그만큼 주관적인 체험을 갖게 하셨습니다. 하늘의 비밀 예수 그리스도를 알게 하시고 예수 그리스도로 복음의 틀을 세우십니다. 그러기에 내 안에 미혹자인 옛 자아, 핑계, 방해적인 요인들을 알고 처리해 가도록 그리스도 안에 거하며 날마다 배우고 자라나야 한다는 것을 알게 되었습니다.

또한 성령을 받은 기름 부음이 내 안에 숨겨진 억눌리고 갇혀 있던 많은 상처들을 드러내시고 치유하신다는 것을 알게 되었습니다. 내 인생에 있어서 돈이 있어도 만족이 없고, 모든 것이 삶이 얼마나 답답했던지! 이래서 괴롭고 자유하지 못하는구나 하고 알게 되었습니다. 전에 나는 가장 지혜로운 진리를 찾고자 히말라야로 가려고 노력하고 생각했습니다. 그러나 옛사람, 인간적인 생각의 결과는 망하는 길로 이끌었습니다.

특히 나는 슬픔이 너무 많았습니다. 주님의 위로가 수도꼭지를 잠그듯이 나의 눈물을 잠그는 체험을 했습니다. 기름 부음에 따라서 순종하면 주안에 거하게 되고 내 안에 주님의 마음이 나타납니다. 며칠 전에는, 문득 내가 남편을 사랑한다는 사실이 기적 같은 일임을 알았습니다. 주께서 마음을 주시지 않으면 절대 일어날 수 없는 일입니다. 이렇게 말씀이 없으면 아무것도 아니고, 말씀이 얼마나 귀한지 다시 한번 깨닫게 되는 시간이었습니다.

인생의 큰 풍랑을 통하여 진리를 깨우치게 하여 주시고 하늘의 비밀을 알게 하여 주십니다. 그리스도 예수 안에서 살리셨고 또 함께 일으키사, 그리스도 예수 안에서 함께 하늘에 앉히시니, 요사이 '함께'라는 말이 많이 묵상하게 되는 단어입니다. 주님과 함께, 삼위일체 하나님도 함께, 주 안에서 사시는 목사님과 교우들과 함께, 남편과도 함께할 수 있기를 기도합니다.

저는 '인격적인 기도'라는 목사님의 말씀이 가장 파고들었습니다. 얼마나 깊이, 하나님과 나 사이에 얼마나 가까운 기도를 하고 있는지 나 자신에게 묻게 됩니다. 하늘의 비밀은 십자가입니다. 십자가는 기적이요 능력입니다. 말씀이 채찍이 되어 나의 연약함을, 말씀 위에 서서 믿음의 행동을 바라시는 하나님, 하늘의 비밀을 체험하여 기쁨을 주기 원하시는 아버지, 진리의 허리를 더욱 동여매고 느슨한 마음을 경계해야겠습니다. 우리 주 예수 그리스도의 십자가 외에 결코 자랑할 것이 없습니다. 길이요 진리요 생명이신 예수님이 전부이십니다.

하나님 아버지! 슬픔에 젖어 있던 저를 건져 주신 것처럼 더 많은 사람에게 말씀이 들려서 그들이 은혜를 받는 것이 유일한 소원입니다. 나의 배우자가, 나의 형제자매가 눈과 귀가 열리기를 예수님 이름으로 기도합니다. 아멘.

나는 참 포도나무다

"내가 참 포도나무요 내 아버지는 그 농부라 무릇 내게 있어 과실을 맺지 아니하는 가지는 아버지께서 이를 제해 버리시고 무릇 과실을 맺는 가지는 더 과실을 맺게 하려 하여 이를 깨끗케 하시느니라 너희는 내가 일러준 말로 이미 깨끗하였으니 내 안에 거하라 나도 너희 안에 거하리라 가지가 포도나무에 붙어 있지 아니하면 절로 과실을 맺을 수 없음 같이 너희도 내 안에 있지 아니하면 그러하리라 나는 포도나무요 너희는 가지니 저가 내 안에 내가 저 안에 있으면 이 사람은 과실을 많이 맺나니 나를 떠나서는 너희가 아무것도 할 수 없음이라" 요 15:1-5

예수님께서는 "나는 참 포도나무요 내 아버지는 그 농부라" 하나님과 자신의 관계를 설명하기 위해 포도나무 비유를 선택하셨습니다. 농부가 하나님이라고 한다면, 예수님과 우리의 관계는 포도나무와 가지의 관계입니다. 본문에서 포도나무 비유를 하신 것은 관계를 설명하기 위해서입니다.

늦은 비

신앙은 관계에서 시작됩니다. 하나님과 인간의 관계가 깨지면 다 깨진 것과 마찬가지입니다. 하나님과 인간 관계가 회복되면 다 회복되는 것입니다. 구원이란 무엇입니까? 하나님과 나 사이 깨어진 관계가 회복되는 것입니다.

예수님 자신과 하나님과의 관계가 얼마나 중요한지를 포도나무 비유를 들어 말씀하시는 것입니다. 내가 참 포도나무라는 어구에서 참 포도나무의 '참'에 해당하는 헬라어 '알레디노스'는 '실제의', '진짜의'라는 뜻을 가지고 있습니다.

많은 포도나무가 있지만 당신만이 하나님 아버지가 원하시는 열매를 맺을 수 있다고 선포하십니다.

> "땅을 파서 돌을 제하고 극상품 포도나무를 심었었도다 그 중에 망대를 세웠고 그 안에 술틀을 팠었도다 좋은 포도 맺기를 바랐더니 들 포도를 맺혔도다" 사 5:2

극상품 포도나무는 하나님이 선택한 이스라엘 모든 백성을 가리킵니다. 농부이신 하나님이 이스라엘이라는 씨를 파종하였는데. 도리어 악이라는 가지에서 강포와 악이라는 들포도를 맺고 말았습니다. 그 악한 가지가 되었다는 것은 도덕적이고 윤리적인 것이 아니라 하나님을 섬기지 않고 하나님께 영광을 드리지 않는 그 모든 것을 말하는 것입니다. 이스라엘 백성이 맺은 악은 우리의 원수이자 사단 마귀인. 그 죄악의 실체가 되는 나의 옛사람입니다.

미국의 유명한 찬양 사역자가 교회에서 간증한 내용입니다. 그는 살아오면서 이름도 다 기억 못 할 수많은 여자와 관계를 맺었고, 죄인 된 본성을 좇아 육체와 마음이 원하는 대로 마약과 음행과 온갖 죄를 저지른 정죄감으로 몸부림치면서 자기보다 더러운 사람은 없을 것이라고 여기며 살았습니다.

그러나 주님을 만나고 말씀의 능력을 경험하면서 자신이 주님의 은혜로 깨끗해졌음을 깨닫고, 그전에는 죄를 지어도 양심에 가책도 없었는데 어떻게 된 일인지 자꾸 말씀을 알아 갈수록 자신이 추하고 악한 자구나! 거듭남을 깊이 체험하니 악한 짓은 자동적으로 끊었다고 고백했습니다.

모든 육체는 반드시 물과 성령으로 거듭나야 합니다. 이 땅에서 옛사람은 벗어 버리고 새사람이 되어야 합니다.

하나님 나라는 거듭나서 민첩하게 성경을 해석하고 각자에게 주신 고난의 때를 지나는 것이 하나님 나라에 들어가는 비결입니다.

"무릇 내게 있어 과실을 맺지 아니 하는 가지는 아버지께서 이를 제해 버리시고 무릇 과실을 맺는 가지는 더 과실을 맺게 하려 하여 이를 깨끗하게 하시느니라" 요 15:2

'제해 버리다' 번역된 헬라어 '아이로'는 '가지를 들어 올려 햇빛을 잘 보도록 해 주다.'라는 의미입니다. '잘라 버리다'가 아닙니다. 깨끗하게 하기 위한 가지치기를 하는 것입니다. 얼핏 들으면 열매 맺지 못하면 버림을 받는 것처럼 낙심될 수 있지만, 그러나 농부가 과실을 많이 맺지 못하는 가지를 잘라 버린다는 뜻이 아닙니다.

이 말씀은 무릇 과실을 맺지 않는 가지는 아버지가 이 가지를 높이 들어 올려 햇빛을 보게 하여 열매를 맺게 하고, 더 많은 과실을 맺게 하기 위해 가지치기를 해 준다는 의미입니다.

영적으로 보면 믿음의 수준만큼 가지를 치시는 것입니다. 가지는 성도의 본질이며 따로 독립해서 존재할 수 없습니다. 반드시 나무에 붙어 있어야 열매를 맺습니다.

본문을 관찰해 보면 나무에 붙어 있어도 죽어 가는 가지가 있다는 것입니다. 그 가지는 높여 올려 빛을 보게 하여 열매를 맺게 하고, 잎이 무성한데 열매가 없으면 농부는 사정없이 잘못된 가지를 쳐 버려서 열매를 맺도록 한다는 것입니다.

"여호와의 말씀은 순결함이여 흙 도가니에 일곱 번 단련한 은 같도다 여호와여 저희를 지키사 이 세대로부터 영영토록 보존하시 리이다" 시 12:6-7

하나님의 말씀은 순결하여서 흙 도가니에 일곱 번 단련한 은 같다고 합니다. 그래서 열매 맺지 못하고 잎만 무성하면 농부는 잘못된 가지를 쳐서 흙 도가니에 일곱 번 단련하여 열매를 맺게 하십니다.

우리도 일곱 번 단련되어야 합니다. 우리가 예수를 제대로 믿고 말씀을 전하는 자가 되려면, 먼저 자신이 주변에서 흙 도가니에서 일곱 번 단련된 은과 같은 말씀을 가진 자를 만나야 하고, 그를 통하여 우리 안에서 말씀이 일곱 번 단련되면 이후 우리도 그 순결한 말씀으로 남을 구원하고 생명을 주는 일을 할 수 있습니다.

결국 말씀에 의해서 큰 연단으로 이들이 이 세대로부터 영원토록 보존되어 안전 지대로 옮겨집니다. 예수를 믿는다는 것은 우리의 생명을 담보로 해야 하는 문제입니다. 이런 연단의 과정 잘 견디면 좋은 열매를 맺게 될 것입니다.

아버지가 가지치기를 하실 때 원망하고 불평하면 안 됩니다. 하나님은 실수가 없습니다. 잎만 무성하고 땅만 바라보며 주님을 믿으면서도 두려움으로 근심하며 과실을 맺지 못하는 것만 골라 치십니다.

"이미 도끼가 나무 뿌리에 놓여있으니 그러므로 좋은 열매를 맺지 않는 나무는 찍혀 불 속에 던져질 것이다" 마 3:10

늦은 비

여기서 나무는 사람을 상징합니다. 성경에 등장하는 포도나무, 감람나무, 무화과나무 등은 모두 사람을 상징합니다. 도끼는 말씀을 뜻합니다.

도끼로 나무를 벨 때는 두 가지 의도를 생각할 수가 있습니다. 나쁜 나무는 찍어 버리려는 의도이고, 좋은 나무는 베어서 성전 건축에 쓰려는 의도입니다. 마찬가지로 말씀이신 예수님의 행하심에도 양면성이 있습니다. 말씀에 기준에 미치지 못하는 자는 심판하는 것이고, 기준에 합한 자는 구원하는 것입니다.

하나님의 가지치기는 원칙이 있습니다. 감정적으로 가지 치지 않고, 잘못된 가지만 골라서 용서 없이 친다는 것입니다. 따라서 필요한 것은 남긴다는 것입니다. 이것이 우리에게 희망입니다. 우리가 겪는 고통의 의미를 하나님의 가지치기 원리로 해석해야 합니다.

왜 고난을 받습니까? 하나님을 믿지 않는 것이 큰 죄입니다. 내 안에 짐승과 같은 악이 있고 더러운 것이 있다면 가지를 치십니다.

그러나 우리가 감당할 수 있는 정도만, 우리 믿음의 수준만큼 손을 보십니다. 이것이 하나님의 방법입니다. 하나님께서 가지치기하실 때, 부자나 가난한 자나 또는 큰 환난을 통해서 가지치기는 하나님이 새사람 만들기 위한 작업입니다.

"장로 중에 하나가 응답하여 내게 이르되 이 흰옷 입은 자들이 누구며 또 어디서 왔느뇨 내가 가로되 내 주여 당신이 알리이다 하니 그가 나더러 이르되 이는 큰 환난에서 나오는 자들인데 어린양의 피에 그 옷을 씻어 희게 하였느니라" 계 7:13-14

그들이 어디서 나온 자들입니까? 큰 환난에서 나왔습니다. 그들이 환난을 겪었으나 하나님의 인을 받아 하나님께서 보호하사 거뜬히 그 환난을 통과해서 나온 사람들이라는 뜻입니다.

한 집사님 남편이 바람을 피고 집에 들어오지 않으니까 우선 자녀들의 등록금과 아파트 관리비를 내지 못하니 간접적으로 큰 환난이 찾아왔습니다. 그 어려운 환경에도 그는 교회에서 생명 말씀을 들으며 오로지 주님만 의지하고 기도하며 가던 중에 남편이 코로나 바이러스에 걸렸다고 합니다. 내연녀는 전염병이라며 내치니 본처에게 돌아왔는데 한 집사님은 아무 말도 하지 않고 정성을 다해 병실을 알아보고 간호를 했습니다.

부인의 중보기도로 남편이 온 가족들에게 자신의 음란을 회개하며 용서를 빌었습니다. 말씀이 왕 노릇 하는 삶을 살다 보니까 무서운 것도 없어지면서 용기로 살 수 있었다는 겁니다. 이 지상에서의 삶은 힘들고 고단한 것입니다.

악한 세력들이 대적하는 것뿐만 아니라, 우리 안에도 옛사람의 습관들이 여전히 남아 있어서 우리를 괴롭게 합니다. 하나님이 그런 모든 악한 것들을 환난으로 사용하십니다.

그리스도인은 반드시 예수의 환난에 동참하게 되어 있습니다. 왜 그럴까요? 그 환난은 그리스도인의 삶에 꼭 필요한 것입니다. 다만 이뿐 아니라 환난 중에도 즐거워하는 것은, 연단된 인품은 소망을 낳는 것을 알기 때문입니다.(롬 5:4)

"너희는 내가 일러 준말로 이미 깨끗하였으니"(요 15:3) 예수님 제자들은 3년 반 동안 함께 숙식을 하며 예수님이 '이미 일러 준 말'로 깨끗하게 된 사람들입니다. 그렇게 된 사람들은 과실을 맺는 사람들입니다. 그러니까 '과실을 맺지 못하면 잘라 버리겠다'는 것이 아니라 '예수 안에 거하는 자라야 열매를 맺을 수 있다'는 것을 강조를 한 것입니다.

은혜로 예수 안에 있는 사람은 당연히 열매를 잘 맺게 됩니다. 우리가 하나님을 믿는다고 하면서도 세상 것을 탐하면 평강과 쉼이 없습니다. 좋은 열매를 맺기 위한 비결은 포도나무에 붙어 있어야 한다는 것입니다.

"나는 포도나무요 너희는 가지니 저가 내 안에 내가 저 안에 있으면 이 사람은 과실을 많이 맺나니 나를 떠나서는 너희가 아무 것도 할 수 없음이라" 요 15:5

성령의 아홉 가지 열매는, 오직 사랑과 희락과 화평과 오래 참음과 자비와 양선과 충성과 온유와 절제니 이 같은 것을 금지할 법이 없습니다.(갈 5:22-23) 좋은 열매가 없으면 가차 없이 가지를 치십니다. 포도나무가 과실을 맺어야 한다는 것입니다.

그러면 어떻게 해야 좋은 열매를 맺는 가지가 될 수 있습니까? 말씀이신 예수님께 붙어 있어야 합니다. 성도는 하나님께 순종하도록 지어진 자들입니다. 그러므로 옛사람을 쳐내고 새사람으로 변하여 영원한 평강과 쉼과 안식을 목적으로 하는 것입니다.

방법은 이 세상 것을 바라보는 성향을 잘라 버리고 참 포도나무로서의 열매 맺는 것이 하나님 나라의 바른 삶의 원리입니다.

〈사이리니 윤 권사님 간증〉

나의 생애에서 가장 큰 축복은 흙 도가니에 일곱 번 단련한 은같이 반짝반짝 빛을 발하시는 귀한 목사님을 만난 축복입니다. 이런 복을 주신 하나님 아버지께 감사를 드립니다.

성경 말씀을 글자로만 읽고 있었던 나는 성령 체험을 받은 후, 다 된 줄 알고 은사주의 성령을 말하며 전도 폭발, 사랑의 불꽃 운동, 뜨레스 디아스 등등 교회의 모든 프로그램에 올인하다시피 신앙생활을 하다 보니 점점 힘이 들고 지쳤습니다.

생각해 보니 나의 열심은 하나님을 위한다는 미명 아래 나 자신의 성취감과 욕망을 위한 집착이었습니다. 나는 살았다 하나

실상은 죽은 자였고 무늬만 크리스천이었던 것입니다.

 그러나 하나님께서는 성령 체험 위에 생명의 말씀이 있다는 것을 알려 주시기 위해 들 포도나무에 붙어 있던 나를 꺾어 참 포도나무에 접붙히셨습니다. 나는 차츰 생기를 얻고 참 포도나무에 단단히 붙게 되었습니다.

 이때부터 하나님께서는 나를 본격적으로 군사 훈련을 시키기 시작하셨습니다. 돌아보니 마치 하늘과 땅이 종이 축같이 말려서 떠나가고 산들이 진동하듯이 생명의 말씀이 나의 이론과 지식과 자아를 박살 내고, 독수리가 새끼를 훈련하듯 혹독한 연단과 훈련을 주셨습니다.

 말씀으로 가지치기를 당할 때 나는 억울하고 아파서 눈물도 수없이 흘렸습니다. 그러나 믿음으로 인내하고 견디며 참 포도 열매를 바라며 하나님의 때를 기다렸습니다.

 예수님을 믿고, 율법 아래에서 열성을 다했지만, 생명의 말씀이 없었으니 만족이 없고 늘 갈급했던 나는, 영생하도록 솟아나는 생수를 공급받으니 마침내 예수님과 함께 십자가를 통과하고 삼위일체의 하나님께서 내 안에 들어오셨습니다!

 성령 세례, 곧 늦은 비를 맞게 된 것입니다. 율법 안에서 성령 체험을 한 것은 이른 비였고, 하나님께서 먼저 이 과정을 거치게 하신 것입니다. 하나님의 크고 정확하신 손길 그것은 불타는 사랑의 손길이셨습니다. 나는 지상 최대의 축복을 받았습니다!

이 기쁨을 전하고 싶어 여러 사람들을 교회로 인도해 오며 그 분들도 이 귀한 생명의 말씀을 먹고 늦은 비 안으로 들어오기를 간절히 원했습니다.

그러나 말씀은 "고침 받아야 된다. 참회개를 하라. 거듭나야 천국에 간다." 계속해서 강조하시니까 회개는 부족하고, 가려운 귀는 긁어 주시지 않고 수치를 드러내니, 자존심이 상하고 견디다 못해 결국은 교회를 떠납니다. 이런 사람들로 인해 나는 참 힘이 들었습니다. 더구나 교회도 힘들게 하는 것을 보았습니다.

십여 년 전, 하나님의 은혜로 캘리포니아에서 가장 살기 좋다는 은퇴자 마을로 이사를 오게 되었습니다. 나는 이 말씀을 전해야 되겠다는 일념으로 목사님의 설교 디스크를 만나는 사람들마다 나눠 주었습니다.

어느 날 "말씀이 너무 좋아요!"라고 하면서 두 자매가 찾아왔습니다. 이분들과 새벽기도와 걷기 운동 등을 하며 좋은 교제가 이어지고 교회에도 함께 제 차로 출석하게 되니 얼마나 기뻤는지요! 차 안에서도 말씀을 가지고 대화를 나누며 우정을 쌓아 가고 있었습니다. 그런데 약 삼 개월쯤 지났을때, 언니 자매가 별안간에 한마디의 말도 없이 연락을 끊어 버립니다. 나는 너무나 큰 충격을 받고 며칠씩 잠도 못 자고 식욕도 없어집니다.

늦은 비

그러나 동생 자매는 삼 년간 함께 교회에 출석하며 말씀으로 변화되어 가는 듯했지만 그분도 차츰 발걸음을 끊기 시작하더니 이제는 연락도 없습니다. 주님! 주님께서는 다 아시지요?

또 다른 한 자매는 약 이 년간 가까이 교제를 나눴습니다. 그는 만날 때마다 재혼한 남편 때문에 당하는 어려움을 하소연하며 눈물을 흘립니다. 저도 함께 눈물로 위로하고 격려하며 시간과 물질을 아끼지 않으니 교회에 출석하게 되었습니다. 그러나 그는 세상 물질, 돈에 집착해 있으니 결국 도중 하차해 버립니다.

이제는 첫 번에 배신당한 쇼크를 이겨 낸 후라 별로 실망도 되지 않았습니다.

아직 때가 되지 않은 사람들은 기다려야 되고 내 힘으로는 아무것도 할 수 없으며 영혼 구원은 하나님의 주권에 있다는 것을 깨우쳐 주셨습니다. 삼 년 반 동안 예수님을 따라다니며 예수님과 함께 지내던 베드로도 예수님을 세 번씩이나 부인했고, 부활하신 후 세 번씩이나 만나 주신 예수님을 아직도 알아볼 줄 모르는 제자들.

베드로에게 "네가 나를 사랑하느냐?" 세 번씩 물으시며 그의 상처를 회복시켜 주시는 주님의 깊으신 사랑이 더욱 뜨겁게 와 닿습니다. 믿음의 단계가 있는 것 같이 사랑에도 단계가 있는 것을 깨닫게 됩니다.

나에게는 큰 비젼이 있습니다. 몇 년 전에 꿈속에서 크고 노란 배가 꽉 들어차게 열려 있는 배나무들 밑에 내가 서 있는 것을 보여 주신 생각이 떠오릅니다. 나는 이제, 포도 열매가 맺히고 말씀으로 익어 가고 있습니다.

주님께서는 나를 친구라고 하십니다. 이제는 더 깊고 더 넓게 차원이 다른 기쁨과 감사가 폭포수처럼 넘쳐 하나님의 상속자로서 주님을 더욱 뜨겁게 사랑하고, 성령님께서 극상품의 포도 열매를 맺게 해 주시기를 간절히 기도합니다.

또한 2023년 새해를 맞이하며, 가족보다도 더 소중하신 목사님과 우리 성도님들 모두가 한 생명 안에서 한 열차를 타고 한 사랑으로 한 목표를 향해 앞으로 앞으로 달려가게 해 주시니 든든하고 행복합니다. 우리를 향하신 하나님의 계획을 다 이루어 주시도록 간절히 소망합니다. 아멘!

늦은 비

3.

사 도 요 한 의 영 성

소망이신 예수 그리스도 계시

"예수 그리스도의 계시라 이는 하나님이 그에게 주사 반드시 속히 될 일을 그 종들에게 보이시려고 그 천사를 그 종 요한에게 보내어 지시하신 것이라 요한은 하나님의 말씀과 예수 그리스도의 증거 곧 자기의 본 것을 다 증거하였느니라 이 예언의 말씀을 읽는 자와 듣는 자들과 그 가운데 기록한 것을 지키는 자들이 복이 있나니 때가 가까움이라" 계 1:1-3

요한계시록을 기록한 사람은 예수님의 열두 제자 중 한 명인 사도 요한입니다. 그는 예수를 믿는다는 이유 때문에 노년에 밧모섬에 갇히게 됩니다. 이 책은 사도 요한이 유배되었을 때 하나님의 계시를 받고, 핍박받는 소아시아 교회들에게 소망을 주는 편지입니다.

계시란 사전적으로는 "사람의 지혜로 알 수 없는 진리를 가르쳐 알게 한다."라는 뜻인데 그럼에도 사람들은 요한계시록이 무섭고

늦은 비

어렵다고 합니다. 계시록은 사도 요한이 인용한 책으로 다니엘서스가랴서 그다음으로 에스겔서가 있습니다. 요한계시록 안에는 환상, 상징, 암시적인 그림 언어가 많이 등장합니다.

그러므로 사도 요한의 고난 속에서 받은 이 메시지가 모두에게 들리는 것은 아닙니다. 성경은 처음부터 끝까지 예수 그리스도를 보내신 하나님의 은혜 그리고 그 예수님의 십자가로 말미암은 우리에게 주어진 영원한 생명과 새 하늘과 새 땅에 관한 이야기입니다. 바로 우리 이야기입니다.

천국은 십자가와 부활이 믿어지고, 거듭남의 구원으로만 갈 수 있습니다. 이것이 하나님께서 주신 예수 그리스도의 계시입니다.

그 당시는 전부 이스라엘 백성이 극심한 고난에 놓여 있을 때입니다. 그래서 그리스도는 사도 요한에게 천사를 보내어 이 일을 알게 하셨습니다. 이런 때 요한계시록은 환상, 상징, 그림, 언어를 통해 장래 일어날 일로 하나님의 뜻을 전했기 때문에 복음이 들어가기 어려운 사람은 못 알아듣습니다. 그러나 회개의 역사가 일어날 때 은혜가 임할 줄 믿습니다.

일곱 교회

"요한은 아시아에 있는 일곱 교회에 편지하노니 이제도 계시고 전에도 계시고 장차 오실 이와 그 보좌 앞에 일곱 영과 또 충성된 증인으로 죽은 자들 가운데서 먼저 나시고 땅의 임금들의 머리가 되신 예수 그리스도로 말미암아 은혜와 평강이 너희에게 있기를 원하노라 우리를 사랑하사 그의 피로 우리 죄에서 우리를 해방하시고 그 아버지 하나님을 위하여 우리를 나라와 제사장으로 삼으신 그에게 영광과 능력이 세세토록 있기를 원하노라 아멘" 계 1:4-6

사도 요한이 아시아에 있는 일곱 교회에 편지한다고 합니다. 여기서 말하는 아시아는 실재적으로 있었던 교회들입니다. 성경에서 '일곱'이라는 숫자는 완전수, 완전 충만, 전체를 의미하는 매우 중요한 수입니다.

하나님은 6일 동안 세상을 창조하셨고 그다음 7일째 되는 날 안식하셨습니다. '안식하셨다'는 말은 6일 동안의 창조가 더 이상 손 댈 것 없이 완전해서 만족하셨다는 뜻입니다. 그러므로 일곱 교회 는 초대 교회뿐만 아니라 가고 오는 세대인 우리를 향하여 쓴 편 지입니다.

충성된 증인은 '순교자' 예수님을 말합니다. 먼저 나셨다는 것은 예수님이 십자가에 죽기까지 그 일을 담당하셨다는 것입니다. 그 러니까 우리가 갈 길을 먼저 열어 주신 것입니다. 예수께서 흘리 신 그 피로 모든 죄에서 우리를 해방시키시고 은혜와 평강이 있기 를 원하신다는 것입니다. 진리의 말씀은 오직 은혜로만 깨달아집 니다. 은혜로 내가 죄인이라는 것을 깨달아지면 평강이 임합니다.

"이제도 계시고 전에도 계셨고, 장차 오실 이"는 바로 성부 하나 님을 뜻합니다. 이렇게 우리 인생은 보장되었습니다. 그 아버지 하나님을 위하여 우리를 나라와 제사장으로 삼으셨다고 합니다. '나라'는 헬라어 '바실레이아'로 왕국을 말합니다.

제사장으로 삼으셨다는 것은 구약에서는 하나님과 인간 사이에 제사장이 중재했습니다. 그런데 예수 그리스도가 십자가에서 값 을 다 지불하신 이후로는 우리는 예수의 피를 힘입어 택하신 족속 이며 왕 같은 제사장입니다. 또, 하나님이 다스리는 거룩한 나라 의 백성입니다.

하나님께서는 그분의 행하신 놀라운 일들을 알게 하시려고, 우리를 어두움 가운데서 불러내어 빛 가운데로 인도하셨습니다.(벧전 2:9)

이처럼 요한계시록은 명확하게 초점이 맞추어져 있습니다. 우리가 이 부분을 모르고 요한계시록을 읽고 전한다면 허무맹랑한 사람이라고 생각할 것입니다. 그러므로 이 책이 예수 그리스도의 계시로 출발했다는 것을 절대로 잊으면 안 됩니다. 요한계시록 1장에 모든 핵심적인 말씀이 기록되어 있습니다.

늦은 비

구름을 타고 오시는 예수 그리스도

"볼찌어다 구름을 타고 오시리라 각인의 눈이 그를 보겠고 그를 찌른 자들도 볼터이요 땅에 있는 모든 족속이 그를 인하여 애곡하리니 그러하리라 아멘 주 하나님이 가라사대 나는 알파와 오메가라 이제도 있고 전에도 있었고 장차 올 자요 전능한 자라 하시더라" 계 1:7-8

지금 이 편지를 받고 있는 교회들은 극심한 환난 속에 흔들리고 있습니다. 내가 이러한 환난 속에서 말씀을 믿고 인내하고 기다리면 반드시 주님이 구름을 타고 오십니다. 그때에 각 사람의 눈이 그를 보겠고 그를 찌른 자들도 그분을 볼 것이라고 합니다.

그리고 땅에 있는 그리스도를 대적한 모든 족속이 그를 인하여 애곡하게 될 것이라고 합니다. 이때는 심판의 날입니다. 그날에 지옥에 가게 되었다고 울어도 때는 늦습니다.

그리고 8절에서 이렇게 끝납니다. "주 하나님이 가라사대 나는 알파와 오메가라 이제도 있고 전에도 있었고 장차 올 자요 전능한 자라 하시더라" 이 말씀은 "나는 시작을 했으면 반드시 그것을 끝낸다"는 신적 의지를 분명하게 드러내신 것입니다.

따라서 우리를 향한 구원과 사랑을 확고하게 보증하는 말씀이 바로 알파와 오메가입니다. 구체적으로 자신이 하나님의 믿음을 선물로 받은 사람이라면 이미 예수와 동행하고 있습니다.

"주님이 구름을 타고 오시리라"고 말씀하신 후 2000년 동안 재림을 하지 않으신 것이 아닙니다. 주님은 준비된 사람에게 이미 재림하셨고, 지금 준비된 사람에게는 지금 재림하시고, 앞으로 준비될 사람에게는 앞으로 재림하실 것입니다.

주님은 반드시 재림하십니다. 지금 여기서 예수와 동행하지 않기 때문에 먼 훗날 재림하는 예수를 기다리는 것입니다. 예수 없이 예수 믿는 이러한 믿음이 죽은 믿음입니다.

> "예수님이 공생 애를 마치신 후, 십자가를 앞에 두고 제자들에게 이렇게 말씀 하십니다. 내 아버지 집에 거할 곳이 많도다 그렇지 않으면 너희에게 일렀으리라 내가 너희를 위하여 처소를 예비하러 가노니 가서너희를 위하여 처소를 예비하면 내가 다시 와서 너희를 내게로 영접하여 나 있는 곳에 너희도 있게 하리라" 요 14:2-3

여기서 주목할 것은 '가서' 내가 '다시 와서'입니다. 예수님이 지금 떠나지만 제자들에게 다시 오신다는 것을 약속합니다. 그러면 "아버지의 집은 어느 곳에 있으며 또한 제자들을 위해서 예비하는 처소는 어디입니까?"

아버지의 집은 천국을 말하며 제자들을 위해서 예비하는 처소는 곧 제자들의 몸을 말합니다. 이 말씀의 참뜻은 예수님이 성령으로 제자들의 몸을 성전 삼아 거하게 될 것을 말하고 있습니다.

이때가 오순절이며, 오신 장소는 공생애 기간을 통하여 처소를 마련하신 제자들 각 개인의 몸입니다. 그때 이후로 제자들의 몸을 성전 삼아 영원토록 함께하십니다. 이렇게 성령이 임하니 제자들도 은혜와 진리가 충만하여 큰 권능으로 말씀을 증거할 수 있게 됩니다.

> "그 때에 인자의 징조가 하늘에서 보이겠고 그 때에 땅의 모든 족속들이 통곡하며 그들이 인자가 구름을 타고 능력과 큰 영광으로 오는 것을 보리라" 마 24:30

저는 이 말씀이 우리에게 해당하는 말씀임을 알게 된 계기가 있습니다. 미국 캔자스시티에 있는 '국제 기도의 집(아이합)'은 하루 24시간 쉬지 않는 찬양과 기도, 예수님을 전심으로 사랑하는 사명을 감당하고 있습니다. 그와 동시에 복음으로 온 세상에 예수님의 재림을 선포하고 있는 기도의 집입니다.

미국 하나님의 성회 총회가 그곳에서 모이니 저는 정회원이기 때문에 참석하게 되었습니다. 바로 그곳에서 저는 놀라운 사건을 경험하게 되었습니다.

오순절 성령 강림 사건이 가져온 획기적인 변화는 성령님의 내 주하심을 통해 제자들이 하나가 된 것처럼, 총회가 끝날 때까지 미국 각 주에서 오신 분들이 성령에 사로잡히니 예수님의 삶을 찬양하며 통곡하는 것입니다.

예수 그리스도 안에서 새 생명을 얻게 하시고, 진리가 너희를 자유케 하리라 하시니, 저는 3일 동안 말하지 않아도 영으로 인도하시니 어디서 그렇게 눈물이 나오는지 수건을 몇 장이나 적실 정도로 하염없이 눈물이 났습니다. 그 자리에 슬픔이 변하여 거듭남의 기쁨이 넘침으로 황홀경의 천국을 맛보는 감격이었습니다.

마태복음 24장 30절 말씀임을 알았습니다. "인자가 구름을 타고 능력과 큰 영광으로 오는 것을 보리라"는 말씀에서 구름이란 허공에 떠 있는 물리적 구름이 아니라 사람의 몸을 말합니다. 주님이 오시는 것은 각자 때가 된 사람 안에 임하십니다.

주님이 임한 사람들은 심한 통곡을 하게 됩니다. 지금 통곡하지 못하면 언젠가 발버둥을 쳐도 안 되는 날이 옵니다. 평생 교회

늦은 비

를 다녔지만, 고난이 와도 성경이 하나도 안 깨달아집니다. 평소에 통곡하지 못하니, 진짜 무서운 일이 닥칠 때 말씀을 어떻게 적용할지도 모르고 살아날 길이 안 보이는 것입니다. 개인 구원이기 때문에 그 통곡은 각자 따로 해야 합니다.

"형제들아 너희는 어두움에 있지 아니하매 그 날이 도적같이 너희에게 임하지 못하리니" 살전 5:4

그날이 모든 사람에게 도적같이 임하는 것이 아닙니다. 주님이 내 안에 임하신 체험이 있다면 확실합니다. 이런 사람은 공중에서 재림하는 예수님이나 내 안에 예수님이 같은 분입니다. 그렇다면 이미 재림하는 주님은 나와 함께 계십니다.

하나님의 계획하신 것은 우리와 차원이 다릅니다. 재림 이야기가 저에게는 정말 놀라운 일입니다. 예수님께서 약속하신 그 좋은 것들은 전부 우리가 살아 있는 동안 이루어질 것입니다.

성경을 역사 속에서 이해하는 것도 중요합니다. 그러나 이 말씀을 통해서 내게 무엇을 말씀하시려고 하는가! 바로 우리에게 말씀하시고자 하는 것입니다. 성경 말씀은 성령님이 깨닫게 하심이 있을 때 하나님의 뜻에 접근할 수 있습니다.

계시록 2장 3장에서 일곱 교회에게 주는 메시지는 소망을 주기 위함입니다. 교회가 직면한 현실적인 난관 속에서 실제적인 위기를 극복하는 믿음으로 승리할 때, 교회가 교회일 수 있습니다. 그 믿음은 은혜의 선물이라는 명확한 증거입니다.

성경 말씀은 우리 이야기입니다. 바로 '나'에게 해당되는 말씀입니다. 예수님께서는 승천 직전에 제자들에게 예루살렘을 떠나지 말라고 당부하셨습니다.

> "오직 성령이 너희에게 임하시면 너희가 권능을 받고 예루살렘과 온 유대와 사마리아와 땅끝까지 이르러 내 증인이 되리라 하시니라" 행 1:8

제자들에게 예루살렘을 떠나지 말라고 하신 것에는 어떤 계획이 있었습니까? 그것은 예수님께서 제자들을 위해 성령을 보내주시기로 작정하신 것이었습니다. 제자들이 예루살렘을 떠나지 않고 마가 다락방에서 기도할 때, 성령이 너희에게 오시면, 너희는 권능을 받아 예루살렘과 온 유대와 사마리아와 그리고 땅끝까지 가서 내 증인이 될 것이다라는 것입니다. 그 결과 제자들이 두려워하던 그 예루살렘에서부터 복음을 전하기 시작했습니다.

내 안에 성령(그리스도 영)이 임하니 예수가 했던 일을 하는 사람들이 되는 것입니다. 예수는 예언자요. 그리스도는 성취자이십니다. 종국적으로 하나님이 우리에게 주시고자 하는 것은 예수님의 십자가를 통해서 우리 각 개인에게 주실 성령을 말합니다. 그 증거가 요한복음 16장 7, 8절입니다.

> "그러하나 내가 너희에게 실상을 말하노니 내가 떠나가는 것이 너희에게 유익이라 내가 떠나가지 아니하면 보혜사가 너희에게로 오시지 아니할 것이요 가면 내가 그를 너희에게로 보내리니 그가 와서 죄에 대하여, 의에 대하여, 심판에 대하여 세상을 책망하시리라"

예수님은 실상(진리)을 말하는데 내가 떠나가는 것이 너희에게 유익하다는 것입니다. 왜냐하면 내가 떠나가면 너희에게 "진리의 성령"을 보내 줄 수 있기 때문이라는 것입니다. 그 성령이 세상의 "죄에 대하여 의에 대하여 심판에 대하여 책망하실 것"이라고 말씀하고 있습니다.

예를 든다면, 예수님의 사역은 구원의 길을 열어 주는 것이고, 성령의 사역은 위로와 평강, 또 능력을 주시는 사역입니다. 그러니까 예수님은 진리의 성령으로 다시 오셔서 끝까지 함께하실 것이라고 불안에 떨고 있는 제자들을 위로하셨습니다.

지금도 여전히 나를 부르시고 내 안에 성령의 임재를 통해 상상을 초월한 은혜와 평강을 주시려고 내 앞에서 마음 문을 열도록 두드리시고 계십니다.

하나님은 우리에게 자신의 문을 닫은 적이 없습니다. 그런데 우리는 자신의 문을 닫고 율법 아래서 '나는 외로워 하나님이 나를 모른 척하신다.'고 착각하며 자기 생각에 사로잡혀 스스로 좌절과 걱정을 하고 있습니다. 그렇게 생각하는 사람들은 성경의 기록된 말씀으로만 하나님의 뜻을 접하게 됩니다.

우리가 마음 문을 열면 주님과의 깊은 영적 교제가 기다리고 있습니다. 기독교인이라면 예수님이 문밖에 서서 문을 두드리시는 성화를 본 적이 있을 것입니다. 그런데 이 그림을 잘 살펴보면 예수님이 서 계신 쪽, 바깥쪽 문에는 문고리가 없습니다. 이 문은 오직 안에서만 열 수 있습니다. 이것이 무슨 뜻입니까?

주님은 우리의 마음 문을 두드리기는 하셔도 결코 억지로 열지는 않으신다는 의미입니다. 내가 먼저 마음 문을 열어야 합니다. 내가 먼저 마음의 문을 열지 않으면 주님도 그만큼 기다릴 수밖에 없습니다.

그래서 주님은 오랫동안 들어가지 못하고 지금 밖에 서서 문을 두드리고 계십니다. 교회의 주인이신 예수님이 문밖에서 손님이 되고, 영적으로 눈뜨지 못한 자들이 '자기 의'로 교회의 주인 자리에 앉아 있는 것입니다.

8절에서 '죄에 대하여라' 함은 '저희가 나를 믿지 아니함이요' '의

늦은 비

에 대하여라' 함은 '예수님이 아버지께로 간다'는 것입니다. 우리 때문에 간다는 것입니다. 예수 그리스도의 십자가를 통해서 우리 죄가 면제된다는 것입니다.

심판에 대하여라 함은 이 세상 임금이 심판을 받았음이라. 이 말씀은 "보혜사 성령"이 너희에게 오셔야 "죄에 대해서, 의에 대해서, 심판에 대해서" 확실하게 알게 된다는 뜻입니다.

그러므로 성령이 내 안에 오시면 모든 것이 해결됩니다. 자기 의로 하늘만 쳐다보면 주님을 보지 못합니다. 예수님께서는 믿음이 없는 제자들을 3년 반 동안이나 함께하시면서 많은 이적을 통하여 세상의 상식 그 너머에 것을 보여 주셨습니다.

그러나 제자들은 예수님과 함께했을 때와 달리, 예수님이 힘 한 번 쓰지 못하고 십자가에 매달려 죽으니까 그들이 도망갔던 것은 안 믿어져서 그렇습니다.

> "그 날에 많은 사람이 주여 주여 우리가 주의 이름으로 귀신을 쫓고 주의 이름으로 권능을 행했다고 큰 소리쳐도, 내가 너희를 도무지 알지 못하니 불법을 행하는 자들아 내게서 떠나가라 하셨습니다" 마 7:22-23

그러므로 기독교는 성령의 역사가 아니면 안 된다는 것입니다. 성령은 하나님의 영광과 깊은 연관이 있습니다. 구약 다니엘서도 예수님께서 재림하실 때 구름과 함께 영광과 권세를 갖고 오십니다. 우리가 어떻게 권세를 받습니까 성령이 오시면 됩니다.

> "내가 또 밤 이상 중에 보았는데 인자 같은 이가 하늘 구름을 타고 와서 옛적부터 항상 계신 자에게 나아와 그 앞에 인도되매 그에게 권세와 영광과 나라를 주고 모든 백성과 나라들과 각 방언하는 자로 그를 섬기게 하였으니 그 권세는 영원한 권세라 옮기지 아니할 것이요 그 나라는 폐하지 아니할 것이니라" 단 7:13-14

우리가 하늘에 영광과 권세를 받으면, 땅만 바라보는 존재가 아니라 하늘을 날며 비상하는 존재가 될 것입니다. 그때부터 나는 비로소 진정한 '나'로 살기 시작합니다. 성령이 임하시니 사람들의 시선에 관심을 갖지 않게 됩니다. 왜냐하면 영원히 목마르지 않는 영적인 비밀을 풀어 주시기 때문에 영성과 실력이 쌓이게 됩니다.

그때부터, 나 때문에 일하는 게 아니라 하나님 때문에 하게 되는 것입니다. 하나님 때문에 하는 일은 알아줘도 그만 몰라줘도 그만입니다. 내가 드러나건 감춰지건 개의치 않습니다. 우리는 하나님께서 나에게 맡겨 주신 일이 있기에 기꺼이 나를 던집니다. 이것이 공적인 거듭난 삶입니다. 우리 모두가 그런 거듭남을 통해 자유롭게 되는 인생을 누립니다.

우리 스스로 자유롭게 될 수 없습니다. 다만 주님께 의지하고

늦은 비

끝까지 주님을 따라나설 때 주님께서 반드시 이 일을 이루어 주십니다.

거듭나면 나를 내세우지 않습니다. 내 안에 그리스도 영이신 성령이 지배하기 때문입니다. 거듭나면 더 이상 나를 고집하지 않습니다. 내 안에 예수 그리스도가 더 소중하기 때문입니다.

만물을 창조하신 하나님 속에 영원부터 감추어져 있던 비밀의 경륜이 무엇인지를 모든 사람에게 밝혀 각종 지혜를 알게 하시려는 것입니다.

인간의 힘으로는 아무리 노력해도 안 됩니다. 저는 각종 은사를 체험했습니다. 내가 경험한 그것은 믿음의 과정입니다. 예수님이 십자가에 죽고 부활하신 예수님을 경험해야 합니다. 예수 안에 우리도 십자가에 함께 죽고 함께 부활을 포함시키셨습니다.

이제는 내가 사는 것이 아니라, 내 안에 계신 그리스도께서 사시는 것입니다. 내가 지금 사는 것은 나를 사랑하셔서, 나를 구하시려고 자기 몸을 바치신 하나님의 아들을 믿는 믿음으로 사는 것입니다. 즉, 신앙생활은 주님이 나를 위해 행하신 일을 믿는 것입니다.

태초에 하나님이 천지를 창조하신 창조주이십니다. 인간은 만날 수가 없습니다. 성자 하나님이 성부 하나님을 볼 수 있고 만질 수 있게 알 수 있도록 육신을 입고 오신 분이 바로 하나님의 아들 예수님이십니다. 그분이 내 안에 들어오시면 모든 것이 해결됩니다.

성경을 살펴보면 우리의 구원을 위하여 6천 년의 구속사역을 세 시대로 나누시고 각 시대마다 다른 이름의 구원자를 허락하셨습니다. 다른 것은 각자의 역할도 다르기 때문입니다. 삼위 하나님에 대해 살펴봅니다.

삼위일체 성부, 성자, 성령께서는 각각 주도적으로 활동하는 시대가 있었습니다. 태초에 하나님이 천지를 창조하신 창조주이십니다. 그리고 그 시대에 따라 사람들에게 계시하시는 역할도 담당하셨습니다. 성부 하나님 시대, 성자 하나님 시대, 그다음에 성령 하나님 시대가 있습니다.

성부 하나님의 사역은 이제도 계시고 전에도 계셨던 하나님, "스스로 있는 자"이신 하나님(출 3:14)이 나의 하나님이 되셔서 나를 도우십니다. 십자가 이후에 현재까지 삼위 하나님 중에 마지막 성령 시대에 지금 우리는 중요한 시대에 살고 있는 것입니다. 각자 믿음의 성장 과정에서, 성부 시대는 하나님의 계획을 나타내는 시대입니다. (구원)자신에게 아직 예수가 임하지 않은 때입니다. 이런 사람은 율법 아래에서 믿음 생활을 하게 됩니다.

늦은 비

성자 시대는 직접 인간의 몸을 입고 오셔서 말씀하셨습니다. 하나님의 계획을 (구원) 이행하는 시대입니다. 핵심이 마태복음, 마가복음, 누가복음, 요한복음서입니다.(눅 4:43, 요 16:7)

성령 시대는 그 계획이 다 이루어졌을 때 우리 안에 임하시는 그분이 바로 성령이십니다. 그분은 시공을 초월해서 활동하시는 분이십니다. 천국복음을 인류에게 증거할 수 있는 방법은 성령님이 오셔야 합니다.

그러므로 우리 안에 오셔서 믿게 하는 기독교는 성령의 역사가 아니면 안 됩니다. 그렇지 않으면 시마다 때마다 내 자아가 살아나서 자신도 힘들고 남도 힘들게 합니다. 그러므로 성령 하나님이 인간 안에서 연합되야 합니다.

사도 바울도 고린도 교회에 큰 문제가 생겼을 때에 "내가 하나님의 열심으로 너희를 위하여 열심 내노니 내가 너희를 정결한 처녀로 한 남편인 그리스도께 드리려고 중매 함이로다"(고후 11:2)

사도 바울은 신령한 중매자로 고린도 교회를 신부로 여기고 예수님을 신랑으로 생각한 말입니다. 우리가 예수님의 신부가 확실하다면 걱정할 게 아무것도 없습니다.

복음은 아주 단순합니다. 우리는 전적 부패해서 예수 생명으로 다시 거듭나야 합니다.

로마서 3장에서 기록한 바 의인은 한 사람도 없으며, 깨닫는 자도 없고 하나님을 찾는 자도 없고 선을 행하는 자도 없나니 하나도 없다고 합니다.(롬 3:10-13) 한국 사람처럼 각종 예배와 전도와 물질로 헌신하며 최선을 다하여 힘쓰고 신앙생활에 열심인 사람들도 없을 것입니다.

하지만 이러한 열심도 바리새인들이나 서기관들에 비하면 아무것도 아닙니다. 그들은 안식일에 회당에 모여 하나님의 말씀을 듣는 것 외에는 아무 일도 하지 않았습니다. 일주일에 두 번이나 금식했습니다. 그리고 교인 하나를 얻기 위하여 바다와 육지를 두루 다닐 정도로 전도에 열심이었습니다.(마 23:15)

하지만 예수님께서는 그들을 외식하는 자들이라고, 칭찬하지 않으셨습니다.(마 15:7)

서기관과 바리새인들만 보아도 알 수 있지만 종교는 인본적인 관점에서는 옳은 것같이 보이지만 실상은 하나님을 대적하는 것입니다. 영혼을 자유롭게 하는 것이 아니라 종으로 만들고 하나님의 의가 아닌 자기 의에 사로잡히게 만드는 것입니다. 하나님께서는 우리에게 종교를 주신 것이 아니라, 진리와 성령을 주셨습니다.

"내가 아직 너희와 함께 있어서 이 말을 너희에게 하였거니와 보혜사 곧 아버지께서 내 이름으로 보내실 성령 그가 너희에게 모든 것을 가르치시고 내가 너희에게 말한 모든 것을 생각나게 하시리라" 요 14:25-26

예수님은 이 세상에 오셔서 너희와 함께 있는 동안에 이 모든 것을 너희에게 다 말씀하셨다는 것입니다.

"베드로가 가로되 너희가 회개하여 각각 예수 그리스도의 이름으로 세례를 받고 죄 사함을 얻으라 그리하면 성령을 선물로 받으리니 이 약속은 너희와 너희 자녀와 모든 먼데 사람 곧 주 우리 하나님이 얼마든지 부르시는 자들에게 하신 것이라 하고" 행 2:38-39

베드로는 단호하게 "너희가 회개하여 죄 사함 받고 성령을 선물을 받으라"고 합니다. "성령을 선물로 받으리니"라는 뜻은 먼저 한 사람이 참다운 회개를 하여, 즉 예수 그리스도의 이름을 힘입어 그의 죽음과 부활에 연합함을 의미합니다. 예수가 성령으로 그 사람에게 다시 임하는 것을 말합니다. 그러므로 성령세례는 은사를 체험하는 것하고는 본질적으로 다릅니다.

성령체험은 그 사람의 인격과는 상관없이 주어질 수 있습니다. 하지만 성령세례는 세상에 대하여 죽고 하나님께 대하여 사는 것이므로 영이 사는 것입니다. 성령세례는 예수로 말미암는 영적 열매입니다. 성령의 선물로 주어지는 회개가 본질적 회개입니다.

주님을 만나서 기쁘지만 생각지 못한 질병이나 원통한 여러 가지 고난이 오면 여전히 분노가 치미는 것은 내가 아직 주님의 십자가 고통이 나와 상관이 없어서 그렇습니다. 그래서 이 세상이 영원한 줄 아는 나와의 싸움이 계속됩니다.

대사도 바울도 로마서 7장 24절 "오호라 나는 곤고한 사람이로다 이 사망의 몸에서 누가 나를 건져내랴"의 탄식도 거듭난 후의 고백입니다.

이렇게 날마다 나는 죄로 말미암아 죽을 몸인데 주께서 죽어 주심으로 이런 나를 다시 살리셨다는 고백을 하게 됩니다. 그래서 하나님께서 우리의 사명을 위해 연단시켜 가십니다. 이 세상에서 자기를 복종시키는 것이 가장 어렵습니다.

지금 저의 남편은 췌장암 말기입니다. 모든 것을 내려놓고 기도하고 있습니다. 마지막이 될 수도 있다고 생각하니 내가 받는 환난이 감사로 바뀌었습니다. 천국이 소망이기 때문에 죽기까지 낮아지니까 두려울 것도 없어졌습니다, 모든 대소사 문제를 남편이 다 해결했지만 지금부터는 제가 해야 할 상황입니다.

늘 오늘이 마지막이라고 생각하는 인생이 복 있는 사람입니다. 성령이 내 안에 오시면 지 · 정 · 의를 지배하심으로 육은 무식해도 예수 믿고 예수 영접하게 되면 성령의 감동으로 쓰여진 성경책이니까 믿어집니다. 이제부터는 책이 믿어지는 것이 아니라 먹는 양식입니다. 성경에서 보면 영생을 얻기 위해서는 먹어야 할 것이 있습니다. 그것은 예수님의 살과 피입니다. 먹게 되면 내 안에서 실상이 되는 것입니다.

> "예수께서 이르시되 내가 진실로 진실로 너희에게 이르노니 인자의 살을 먹지 아니하고 인자의 피를 마시지 아니하면 너희 속에 생명이 없느니라 내 살을 먹고 내 피를 마시는 자는 영생을 가졌고 마지막 날에 내가 그를 다시 살리리니 내 살은 참된 양식이요 내 피는 참된 음료로다" 요 6:53-55

주님은 우리에게 생명의 양식인 말씀을 공급하시는 것을 알 수 있습니다. 여기서 말하는 말씀은 우리가 이 세상에서 사는 데 필요한 율법이 아니라, 우리를 이 세상으로부터 떠나게 하고 하나님의 나라로 가게 하는 복음을 말합니다.

예수님께서 자신의 살과 피를 우리의 구속을 위하여 다 내어놓으셨습니다. 곧 예수님이 십자가에서 흘리신 피는 예수님이 오시기 전에 성부 하나님, 성자 하나님, 성령 하나님이 회의해서 인간이 한 번도 죄를 짓지 않은 상태로 만들어 주기로 약속했습니다.

이것이 은혜의 언약입니다. 죄로 말미암아 죽음과 형벌을 받게 된 인간을 사랑하셔서 은혜로 값없이 구원하시기 위해 예수 그리스도 안에서 인간과 맺은 언약입니다.

은혜의 언약은 하나님, 예수님, 성령님, 누구도 바꿀 수 없습니다. 죄 없으신 예수님께서 십자가 위에서 흘리신 피로 하나님의 공의는 영원히 충족되었고 예수 그리스도를 믿는 자들이 죄 사함을 받을 수 있습니다. 그 효과는 영원한 것입니다. 율법에 의하면 거의 모든 것이 피로 정결하게 됩니다.

> "율법을 좇아 거의 모든 물건이 피로써 정결케 되나니 피흘림이
> 없은즉 사함이 없느니라" 히 9:22

영적 원리는 그리스도의 피는 죄들을 용서하기 위해 흘리셨으며, 언약은 그분의 피로 말미암아 세워졌습니다. 우리는 축복받은 사람들입니다. 주님이 우리를 한 번도 죄 짓지 않은 상태로 여겨주십니다.

고린도전서 1장 18절에서는 "십자가의 도가 멸망하는 자들에게는 미련한 것이요 구원을 얻는 우리에게는 하나님의 능력이라"고 하십니다. 십자가의 양면성입니다. 주님과 동행하며 하나님의 말씀에 따라 생활하다 보면 주변 사람들을 통하여 자신의 옛사람을 드러내게 됩니다.

이때 상대방을 원망하지 말고 자신에게서 무엇을 드러내고 구

늦은 비

분하고자 이런 일을 허락하셨는가? 생각하고 그 뿌리를 찾아내고자 고민해야 합니다. 자신의 아픔을 상대방에게 돌리면서 '나는 아무 잘못 없다.'고 남의 탓으로 돌리다가는 그 좋은 구원의 기회를 놓치게 됩니다. 십자가의 도는 구원을 얻는 우리에게는 하나님의 능력입니다.

초라한 갈대 같아도 병든 남편에게 권세가 있었습니다. 날로 몸이 쇠약해져도 그는 열성적으로 두 손을 모아 주님께 조용히 기도하는 모습이 보여집니다. 그런 후 손짓으로 종이와 펜을 달라고 해서 "나 지금 죽어 가는 중이야."라고 써서 줍니다. 간절한 호소 때문인지 하나님께서 저를 통하여 말씀을 주셨습니다.

> "야곱아 너를 창조하신 여호와께서 이제 말씀 하시느니라 '장로야' 너를 조성하신 자가 이제 말씀하시니라 너는 두려워 말라 내가 너를 구속하였고 너를 지명하여 불렀나니 너는 내 것이라"
>
> 사 43:1-2

두 번이나 "이제 말씀하시니라.", "이제"라고 반복하여 강조한 것은 "너는 두려워 말라. 내가 너를 구속하였고 너를 지명하여 불렀나니 너는 내 것이라."고 확신을 주신 것입니다. 즉시 남편에게 말씀을 붙잡으라고 권면하니 고개를 끄덕이며 화답합니다.

인생은 죽음을 향해 가는 여정이라고 할 수 있습니다. 누구도 예외 없이 죽습니다. 그러니 우리도 죽어 간다고 할 수 있습니다. 다만 예수를 믿는 우리는 육신만 죽을 뿐 이후 영원한 생명이 기다리고 있습니다. 그런데 이 땅에는 예수님을 몰라서 영원한 죽음으로 걸어가는 인생이 너무 많습니다.(마 7:22-23)

많은 사람이 "주의 이름으로 많은 권능을 행하지 않았습니까?"라고 할 것이지만, 그때에 예수님께서 내가 너희를 도무지 알지 못하니 불법을 행하는 자들아 내게서 떠나가라고 하셨습니다.

모른다는 말씀은 예수님과 인격적인 관계가 없었다는 말씀입니다. 예수님과 아무 상관이 없는 자들로서 자기 영혼이 죽어 가는 줄도 모르는 자들입니다. 즉 예수님과 아무 상관이 없는 자들로서 예수님이 보내지 않은 거짓 선지자였다는 말입니다.

죽어 가는 영혼들을 살리기 위해서 예수 그리스도를 증거하는 것보다 더 중요한 일은 세상에 없습니다. 우리가 누군가에게 내 간증을 전해 보면 상대가 하나님이 보호하실 사람인지 아닌지 금방 알 수 있습니다.

은혜를 받아야 하나님이 보호해 주십니다. 아무리 고난을 구속사로 해석해서 간증을 해도 "나와 상관없어!!" 지나가는 말로 듣는다면 하나님께서 그에게 무슨 이야기를 하시겠습니까? 듣는 사람의 태도에 따라 상대가 어떤 사람인지 판가름이 납니다. 구속사

늦은 비

는 방언입니다. 그래서 못 알아듣습니다.

　그러나 이렇게 한 사람 한 사람으로 인하여 많은 인류에게 생명이 있게 하는 것은 한 알의 밀알로 많은 밀알을 생육하고 번성케 하시는 하나님의 속성입니다. 그래서 못 알아듣습니다.

　예수님은 하나님에 의해서 하나님의 아들로 난 자이고 그 아들을 통하여 우리 온 인류에게 하나님을 알게 하셨습니다.

　살다 보면 십자가에 달리는 것 같은 일이 때마다 시마다 찾아옵니다 내가 죽어지고 썩어져서 밀알이 되어야 하는 일이 얼마나 많은지 모릅니다. 그러나 일생 하늘 영광의 권세를 가지고서 말씀을 전하고 다시 복음으로 예언을 하도록 주님이 도와주십니다.

　이 길은 좁은 길이지만 예수와 함께 계시니 시험이 와도 겁이 없습니다. 기쁨이 근원되시는 예수를 위해 사니까 많은 사람을 주님께로 인도할 수 있는 영광에 이르게 하십니다.

그와 같은 하늘의 영광으로 변화하여

"어두운데서 빛이 비취리라 하시던 그 하나님께서 예수 그리스
도의 얼굴에 있는 하나님의 영광을 아는 빛을 우리 마음에 비취
셨느니라 우리가 이 보배를 질그릇에 가졌으니 이는 능력의 심
히 큰 것이 하나님께 있고 우리에게 있지 아니함을 알게 하려
함이라 우리가 사방으로 우겨 쌈을 당하여도 싸이지 아니하며
답답한 일을 당하여도 낙심하지 아니하며 핍박을 받아도 버린바
되지 아니하며 거꾸러뜨림을 당하여도 망하지 아니하고 우리가
항상 예수 죽인 것을 몸에 짊어짐은 예수의 생명도 우리 몸에
나타나게 하려 함이라 우리 산 자가 항상 예수를 위하여 죽음에
넘기움은 예수의 생명이 또한 우리 죽을 육체에 나타나게 하려
함이니라" 고후 4:6-11

"어두운 데서 빛이 비취리라" 이것은 창세기에서 기록된 말씀입
니다. 왜냐하면 그 하나님께서 우리 마음속에 빛을 비추시어 예수
그리스도의 얼굴에 있는 하나님의 영광을 아는 지식을 밝히신 분

늦은 비

이시기 때문입니다.

사도 바울은 자기에게 있었던 일을 지금 고린도 교회에게 보여 준 것입니다. 바울은 자기가 의로운 사람인 줄 알았습니다. 그는 율법은 물론 언어도 능통하고 가문도 좋은 헬라파 디아스포라 유대인입니다. 이런 사람이 하나님의 열심보다 앞서가면 사람을 죽일 수 있다는 것을 보여 줍니다.

무지한 열심은 오히려 하나님의 일에 대한 적극적인 훼방이 되고 하나님의 뜻과는 상관이 없습니다. 무지한 열심으로 바울되기 전 사울은 결국 스데반을 죽였고, 바리새인들은 창조주 예수님을 죽였습니다.

자기 의로 열심인 사울 같은 사람에게 행함이 하나도 없어 보이는 사람이 와서 우리는 다 죄인이라서 행위로 천국 갈 수 없으니 예수 믿으라고 복음을 전하니 살기가 등등해져서 분을 내는 것입니다.

내가 예수님을 박해한 것을 아는 사람에게는 행할 것을 알려 줄 사람을 보내 주십니다. 택하여 회심한 사람은 반드시 하나님께서 이끌고 가십니다. 동행하던 사람들이 있었지만, 사울은 영적인 소리로 들었습니다.

주님을 만난 첫 번째 징표는 소경이 되어서 자기가 초토화시키려던 다메섹에 끌려간 것입니다. 영적인 소경이라는 것을 깨달으라고 육체적인 소경을 만들어 주셨습니다. 예수님이 장사된 지 사흘 만에 살아나신 것처럼 사울도 사흘 동안 식음을 전폐했습니다. 자기가 얼마나 무지한 존재인지 알라고 하신 것입니다.

인간의 연약함을 체휼하신 주님을 만난 바울은, 자신의 죄를 보지 못하고 눈뜨지 못한 영적인 소경, 이런 사람들의 고통을 체휼하게 되었습니다. 그러므로 하나님께서 땅끝까지 증인이 되어야 하기에 큰 권세에 합당한 큰 일꾼이 필요했습니다. 그래서 사울을 이렇게 불가항력적으로 부르십니다.

저는 누가 영적으로 이끌림을 받았나 생각해 보니 남편을 따라갈 자가 없어서 남편에 대해서 묵상을 많이 했습니다. 저희 남편(1948-2023) 장로님은 하늘의 부르심(4/19)을 받으셨습니다.

남편은 오직 하나님과 교회를 위해 신실한 믿음으로 헌신했습니다. 삶의 본이셨습니다. 아내인 저에게는 열부였고, 아들에게는 자비로운 아버지였습니다. 그래서 저는 목회를 할 수 있었습니다. 남편이 하늘 가는 길은 밝을 길이었습니다. 남편이 가는 하늘 길이 밝은 길이 아니었다면 저에게 평강이 없을 것입니다.

초대 교회가 아무리 큰 기적을 일으키고 귀한 일을 했다고 할지라도 그 영광을 하나님께 돌리지 아니하고 사람들의 주목을 자기들에게 향하도록 이끌었다면, 오늘날 이천 년이 넘도록 이런 복음

늦은 비

전파는 없었을 것입니다.

이것도 성령의 권능이 있어야 합니다. 이런 사람은 이미 새로운 생명을 받았습니다. 성령을 받아야 그때부터 신앙의 연륜이 쌓이기 시작합니다. 바울도 동족의 위협이 컸고 가족에게도 인정받지 못하는데 자신이 예수님을 십자가에 못 박은 것을 인정했기 때문에 일생 그의 사역을 성령의 권능으로 감당했다고 믿습니다.

교회를 오래 다녔어도 성령의 음성이 안 들리니까 내 습관 하나 고치는 것이 얼마나 힘든지 모릅니다. 인간의 힘으로는 나 자신도, 배우자도, 자녀도 안 변한다는 것을 인정하고 창조적인 성령이 임하기를 기도하고 내가 속한 환경에서 기다리면 됩니다.

때와 시를 알려 주지 않는 것이 나를 훈련시키는 방법입니다. 우리가 참예수를 만나서 고침을 받은 후, 예수 그리스도가 성령으로 우리 마음속에 임하시면 됩니다.

하늘에 열린 문

"이 일 후에 내가 보니 하늘에 열린 문이 있는데 내가 들은바 처음에 내게 말하던 나팔소리 같은 그 음성이 가로되 이리로 올라오라 이 후에 마땅히 될 일을 내가 네게 보이리라 하시더라 내가 곧 성령에 감동하였더니 보라 하늘에 보좌를 베풀었고 그 보좌 위에 앉으신 이가 있는데" 계 4:1-2

초대 교회 당시 기독교 역사상 전대미문의 핍박을 받을 때가 로마 시대입니다. 기독교인들을 불태워 죽이고, 사자 밥으로 던져주는 등 가장 끔찍하고 잔인한 방법으로 박해를 했습니다.

그들은 황제 숭배를 강요하면서, 기독교인들이 자기들이 원하는 대로 말을 듣지 않자 무섭고 악독한 일을 벌였습니다. 사도 요한이 목회 활동을 하던 시기도 이때입니다.

도미티아누스 황제 때는 기독교 박해가 더욱 극심해져서 사도 요한은 밧모섬에 유배되기까지 했습니다. 당시 모든 사람에게 황제의 보좌는 가장 두렵고도 위대한 자리였습니다. 그러나 주님은 황제 숭배를 거절하고 순교의 길을 택하는 그리스도인들에게 하늘의 보좌를 보여 주십니다.

"이 일 후에 내가 보니 하늘에 열린 문이 있는데 내가 들은바 처음에 내게 말하던 나팔소리 같은 그 음성이 가로되 이리로 올라오라 이 후에 마땅히 될 일을 내가 네게 보이리라 하시더라" 이 일 후에 보니 하늘에 열린 문이 있다고 언급합니다.

그리고 사도 요한은 "이리로 올라오라"는 하나님의 명령을 받습니다.

1장에서 "네가 본 것과(첫 번째 환상과 계시) 지금 있는 일과 장차 될 일을 기록하라"(계 1:19-20) 네가 본 것은 일곱 교회의 사자요 일곱 촛대는 일곱 교회라고 하셨습니다.

밧모섬에 사로잡힌 요한에게 첫 번째 환상 이후에 4장에서 두 번째 환상을 보여 줍니다. 첫 번째 환상에서는 지상 교회를 보여 줬다면. 이제부터는 천상 교회를 보여 주고 있습니다.

사도 요한은 "이리로 올라오라"는 하나님의 명령을 받습니다. 물리적인 위를 뜻하는 것이 아니라 하나님은 우리 앞에 하늘 문이 열렸다는 것입니다.

요한복음 10장에서 보면 예수님은 자신을 "나는 양의 문이다"라고 하십니다. 하늘에 열린 문은 예수 그리스도를 통해서만 접근할 수 있습니다. 즉 하늘에 열린 문이라고 말할 때는 하나님의 임재 상태를 의미합니다.

"내가 곧 성령에 감동하였더니 보라 하늘에 보좌를 베풀었고 그 보좌 위에 앉으신 이가 있는데" 거기에 전 우주를 통치하시는 하나님께서 하늘 보좌에 계시다고 은유로 표현한 것입니다.

요한계시록은 역사적으로 일어날 일들에 대한 시간상의 기록이 아니라, 하나님의 종말을 가져오시는 그 엄청난 일의 내용을 담은 책이기 때문에 그 내용이 풀어 가는 논리에 주목해야 합니다.

우리가 이 부분을 모르면 계시록을 말세의 징조라고만 생각할 것입니다. 그러므로 이 책이 예수 그리스도의 계시로 출발했다는 것을 절대로 잊어서는 안 됩니다.

우리는 성경의 참뜻에 관해서 너무도 소홀히 했습니다. 그것은 곧 율법적인 신앙생활을 해 왔다는 증거입니다. 문제는 자신이 여기서 제공되는 참뜻을 받을 수 있는가 없는가입니다.

그것은 마태복음 24장 말씀으로 설명되고 있습니다. 마태복음 24장 13절과 15절에서 주님의 제자들은 종말의 시기를 알기를 원했지만, 주님께서는 그 시기를 알려 주지 않았습니다. 다만 "끝까지 견디는 자는 구원을 얻으리라 그러므로 너희가 선지자 다니엘의 말한 바 멸망의 가증한 것이 거룩한 곳에 선 것을 보거든(읽는 자는 깨달을진저)"라고 말씀하셨습니다.

거의 대부분의 사람들은 이 말씀을 지구상에 일어날 물리적인 환난의 사건을 묘사하는 것으로 이해하고 있습니다. 그러나 성경 말씀은 보이지 않는 우리 내면의 영적 세계를 보여 주고 고치는 말씀입니다.

예수님께서 이 말씀을 하시고, 읽는 자는 깨달으라고 하십니다. 이 말씀은 이때가 실질적으로 된 사람들만이 무슨 뜻인지를 알 수 있기 때문입니다.

멸망의 가증한 것이 거룩한 곳에 선 것은 모든 사람이 볼 수 있는 것이 아니라, 어떤 사람만 볼 수 있는 것이라는 것입니다. 그러니까 어떤 이들은 무엇을 보면 그것이 바로 멸망의 가증한 것이 거룩한 곳에 서 있는 것이라는 것을 알게 될 것이라는 것입니다.

과연 멸망의 가증한 것이 무엇이며, 거룩한 곳이란 어느 곳을 말하는 것입니까? 거룩한 곳이란 하나님이 계신 그곳이 성전입니다. 또한 성전이라 함은 어떤 건물 성전을 말하는 것이 아니라 우리 안에 있는 참된 의미의 성전을 말합니다.

그런데 우리는 내 마음속에 이미 하나님을 모시고 있다고들 생각합니다. 왜냐하면 우리는 하나님의 뜻에 따라 교회에 나오고 또 전도하고 헌신하면서 하나님과 동행하고 있다고 생각하기 때문입니다. 그러나 그렇게 당당하게 말하지만 이제 때가 이를 것입니다.

그때는 자신의 마음속에 하나님이 계시다고 생각했던 그 자리에 자신의 옛사람이 앉아서 왕 노릇을 하고 있었다는 것을 깨닫게됩니다. 그가 자기 의로 교회도 나오게 하고, 헌금도 적당히 하게하고, 헌신하며, 모든 행동을 다 하게 했다는 것을 깨달을 날이 올것입니다. 이때가 되면 정말 하나님 앞에 자신이 얼마나 자기중심적이고 가증한 신앙생활을 했다는 것을 알게 됩니다.

바로 이것이 멸망의 가증한 것이 서지 못할 거룩한 자신의 마음속에 앉아 있어, 하나님 노릇을 하고 있다는 것을 보게 되는 때입니다. 이때가 자신의 옛사람의 종말인 마지막 때가 이른 것입니다. 이 일이 진행되는 과정에 있는 사람만이 이 말씀의 뜻을 알게될 것입니다.

이렇게 자신을 조종하고 있는 존재가 사단이고, 자신의 옛사람이라는 것을 아는 사람은 이제부터 환난이 시작되게 됩니다. 그것은 자신의 마음속에 하나님의 자리를 차지하고 있는 사단을 예수에 의해서 제거해 가는 과정에서 필연적으로 나타나게 되는 환난입니다.

이제 이런 사람은 자신을 고치려는 소망을 가지게 됩니다. 그환난은 하나님의 말씀에 의해서 혼과 영과 및 관절과 골수를 찔러쪼개기까지 하며 자신 안에 있는 죄의 속성을 제거하는 과정에서

늦은 비

오는 환난인 것입니다.

우리가 내 환경을 바라보면 절망할 수밖에 없습니다. 그러나 낙담하지 마라! 열린 하늘 문이 있고, 천상에 주님 보좌 곁에 이미 영적으로 완성된 나라가 있다는 것입니다.

이처럼 하늘 문은 우리 앞에 이미 열려 있지만, 우리가 보지 못하는 것뿐입니다. 우리가 처절한 삶 속에서 하늘의 약속 없이 살아간다는 것은 가장 무모한 인생입니다.

그렇다면 열린 문은 대체 무엇입니까? 모든 것이 다 막혀 있어도 우리는 하나님과 교통할 수 있는 하늘 문이 활짝 열려 있기 때문에 하나님과 교제할 수 있습니다. 그것은 하나님의 말씀으로 설명되고 있습니다.

창세기 28장에서 장자의 축복을 가로챈 야곱은 형 에서가 쫓아올까 봐 급히 도망을 가게 됩니다. 급하게 달려온 터라 지친 야곱이 루스에서 돌베개를 베고 깜박 잠이 듭니다. 그곳에서 야곱은 천사들이 사닥다리에 오르락내리락하고 있는 신비한 환상을 봅니다.

그는 여기서 엄청난 축복을 받습니다. 그날 밤에 여호와께서 사다리 위에 서 계신 것을 보았습니다. 야곱은 브엘세바뿐만 아니라 광야에도 주님이 계시다는 것을 처음으로 깨닫습니다. (창 28:12-14)

"야곱이 잠이깨어 가로되 여호와께서 과연 여기 계시거늘 내가 알지 못하였도다 이에 두려워하여 가로되 두렵도다 이곳이여 다른 것이 아니라 이는 하나님의 전이요 이는 하늘의 문이로다 하고 야곱이 아침에 일찍 일어나 베개 하였던 돌을 가져 기둥으로 세우고, 그 위에 기름을 붓고 그곳 이름을 벧엘이라 하였더라 이 성의 본 이름은 루스더라 야곱이 서원하여 가로되 하나님이 나와 함께 계시사 내가 가는 이 길에서 나를 지키시고 먹을 양식과 입을 옷을 주사 나로 평안히 아비 집으로 돌아가게 하시오면 여호와께서 나의 하나님이 되실 것이요 내가 기둥으로 세운 이 돌이 하나님의 전이 될 것이요 하나님께서 내게 주신 모든 것에서 십분 일을 내가 반드시 하나님께 드리겠나이다 하였더라" 창 28:16-22

하나님이 야곱에게 찾아오셨고, 그의 삶에 최초로 임재하시는 사건이 일어나고 있습니다. 하나님을 체험한 야곱은 하나님이 주신 모든 것에서 십분의 일을 드린다고 신앙고백을 합니다.

상황이 바뀌는 것이 아니라 하나님의 친밀한 임재를 경험하고 나와 함께 계시다는 확신이 바로 하나님의 전이되는 것입니다.
많은 사람이 믿음이 있다고 해도 자신이 하나님의 성전인 것과 하나님의 성령이 자신 안에 거하시는 것을 경험하지 못하면, 속성이 육에 속해 있기 때문입니다. 육신의 것을 좋아하면 당연히 육신을 쫓아가게 됩니다. 이는 결코 하나님을 기쁘시게 할 수가 없습니다.

우리가 어디를 가든 거기가 성전이 되어야 합니다. 힘든 식구와 환경 때문에 내가 말씀과 기도를 사모하게 된다면 그에게 감사해야 합니다. 도망치고 싶은 환경에서도 내가 말씀으로 사건을 해석하며 사명을 깨달으면 그곳이 하나님의 전, 하늘의 문입니다.

이렇게 주님을 만나게 되면, 이사야 선지자가 하나님의 임재 앞에 자신의 입술이 부정함을 고백했던 것처럼 건강한 두려움을 갖게 됩니다.(사 6:5)

야곱이 아무것도 없는 광야에 있지만, 은혜를 받으니 당시 여행자에게는 귀한 약품이었던 기름을 돌 위에 부으며 하나님께 모든 주권을 맡깁니다. 주님이 내 안에 임하시면 변하여 새사람이 되어 겸손한 태도로 서원기도를 합니다.

야곱의 소원은 그가 가는 길을 지켜 주실 것과 먹을 양식과 의복을 주시고 아버지 집으로 평안히 돌아오게 되는 것입니다. 하나님은 약속의 자손을 지키시는 분이기에 야곱의 소원을 다 이루셨습니다.

그러나 야곱은 아직도 하나님의 엄청난 약속을 깨닫지 못하고 조건부 서원을 합니다. 나의 소원을 들어주시면 여호와께서 내 하나님이 되실 것이라고 합니다. 아직도 야곱이 하나님을 내 하나님으로 믿지 못했습니다. 하나님이 너는 재벌 상속자라고 알려 주셨는데도 의식주를 해결해 달라고 하고 있습니다.

하나님이 내 하나님 되시고 예배가 회복되는 것이 모든 문제 해결의 최우선인 것입니다. 야곱은 20년 후 거부가 되어 돌아왔어도 벧엘을 지나쳐 세겜에 머물렀습니다. 서원을 지키기가 이렇게 어렵습니다.

세겜 땅에서 약 10년이 지난 어느날 육적으로 평화로운 야곱의 가정에 부끄러운 문제가 발생했습니다.(창 34장) 딸 디나가 강간을 당하고 두 아들이 살인에 연루되어서야 하나님의 말씀을 듣고 벧엘로 돌아가 서원을 이행합니다. 영적인 서원과 물질적 서원은 반드시 겸해야 합니다.

십일조는 자발적인 신앙고백입니다. 자선과 구제는 안 믿는 사람들도 합니다. 그러나 십일조가 제2의 복음이라 하는 것은 하나님과 돈 사이에서 날마다 선택하는 훈련이기 때문입니다.

은혜를 받으면 물질에 정직해지고 십일조 생활이 달라집니다. 모든 일을 영적으로 해석하며 십일조의 신앙고백을 함으로, 물질의 문, 하늘의 문이 모두 열리게 됩니다.

말씀이 들리지 않으면 내가 당한 환난이 내 죄로 인한 결과인지, 아니면 예수님으로 인한 것인지 분별이 안 됩니다. 똑같은 사

늦은 비

건을 당해도 말씀으로 준비된 사람은 성령의 감동이 있습니다.

한국의 대표 지성인이자 무신론자였던 고 이어령 초대 문화부 장관을 하나님의 자녀로 살게 한 인물이 있습니다. 『땅끝의 아이들』이란 신앙 간증집을 낸 이어령 씨의 딸 이민아 씨입니다.

하나님을 믿지 않았던 아버지는 딸 이민아 씨의 간청을 받아들여 예수님을 영접하고 세례를 받게 되었던 것입니다. 이민아 씨는 미국에서 검사, 변호사로서 그리고 마지막은 목사로서 사역을 감당했습니다. 제가 미국에서 만났지만, 그분의 솔직한 신앙고백으로 많은 사람들에게 삶에 미치는 영향력이 더 컸다는 것입니다.

그녀는 어린 시절부터 공부도 잘하고 예뻤습니다. 그러나 그는 매일 아침이면 눈을 뜨기 싫었다고 합니다. 밤마다 두려움이 생겨서 불을 켜고 음악을 틀어 놓지 않으면 잠을 잘 수가 없었다고 합니다. 그럴 때면 어머니는 "네가 전쟁을 겪지 않아서 그렇다. 돈이 나무에서 떨어지는 게 아니다." 하며 불과 음악을 억지로 끄고 자게 했습니다.

아버지의 품이 그리웠지만 아버지는 늘 바빠서 그녀와 함께할 시간이 없습니다. 부모님은 그녀에게 최선을 다했지만 정작 딸이 원하는 것을 몰랐습니다. 그녀는 사랑받지 못한다는 생각에 절망했습니다.

아무도 자신을 이해해 주지 않는다고 생각하며 고통스러운 시간을 보내던 어느 날, 그녀는 집 안을 돌아다니다가 아버지 서재에서 양주를 발견했습니다. 몰래 한 모금을 딱 넘기니 한기가 있고 늘 무섭던 방에서 갑자기 온기가 느껴지며 세상에 무서운 것이 없어졌습니다. 모든 걱정 근심이 사라져 그녀는 난생처음 정말 깊은 잠에 빠졌습니다. 그때가 열네 살이었습니다.

그 후로 그녀는 아버지 서재에 몰래 들어가 훔쳐 마시는 버릇이 생겼고, 대학에 들어가서도 술을 들이켰다고 합니다.

이민아 씨는 이 이야기를 하면서 술과 마약 문제, 특히 어린 아이들의 음주 문제는 곧 사랑의 문제라고 말했습니다. 부모의 사랑을 모르고 특히 우리를 위해 자기 독생자까지 내어 주신 하나님의 그 사랑을 알지 못해 술과 마약을 한다는 것입니다.

이민아 씨는 대학교를 조기 졸업할 정도로 공부도 잘하고 우수한 인재였지만 끊임없이 열등감에 허덕였습니다. 그러다가 아버지의 사랑을 대신해 줄 것 같은 사람을 만나 집안의 반대를 무릅쓰고 결혼했습니다. 그렇게 첫 아들까지 낳았지만 사랑이 식어 버리자 결혼 5년 만에 이혼을 선택했습니다.

이후 재혼하여 둘째 아들을 낳았는데, 그 아들이 자폐 판정을 받더니 얼마 안 돼 이민아 씨도 암 선고를 받았습니다. 설상가상 똑똑했던 첫째 아들이 25살 나이로 돌연사했습니다. 큰아들을 잃

늦은 비

은 그녀의 슬픔은 이루 말할 수 없이 컸으나, 이민아 씨는 그 모든 것이 하나님의 역사이고, 영원히 부활하시는 주님의 뜻이라고 받아들였습니다.

이민아 씨는 장남을 묻고 묘비명을 정하던 날 꿈에서 하나님의 말씀을 들었다고 증언했습니다. 하나님은 이민아 씨의 꿈에 나타나, "이 아이가 지금 아버지 집에서 편히 쉬고 있다 슬퍼하지 마라! 지금 기뻐하며 잘 쉬고 있다."라면서 이민아 씨를 위로했다고 합니다.

그 꿈에서 하늘의 문이 열리는 곳에서 하나님께서 하신 말씀을 듣고 이민아 씨는 아들의 묘비명을 다음과 같이 바꿨습니다.

"유진 김, 1982년 7월 29일부터 2007년 9월 4일, 아버지 집에서 이제 편히 쉬고 있습니다. (Resting in his Father's house.)"

그야말로 시련이 일상인 삶이었습니다. 이민아 씨는 결혼 후 웃은 날보다 가슴 치며 운 날이 더 많았다고 합니다.

시험을 당해도 말씀으로 준비된 사람은 성령의 감동이 있습니다. 우리가 힘든 배우자와, 자녀에게 나의 모든 것을 주고, 가장 귀한 믿음 있는 내가 참고 기다려야만 그 장소가 하나님의 전이됩니다.

그러면 돌베개 베었던 그 자리가 하늘의 문이 되게 하십니다. 왜 나에게 이런 사건을 주셨는지 설명할 수 있어야 합니다.

마태복음 11장 28절에서 예수님은 이렇게 말씀하십니다. "수고하고 무거운 짐진 자들아 다 내게로 오라 내가 너희를 쉬게 하리라" 예수님이 우리에게서 두려움을 내쫓고 사랑을 가져오며 옛사람을 끝내고 새로운 피조물로 만들어 주십니다. 살아계신 예수님 말고는 천하 인간에 구원을 얻을 만한 다른 이름을 우리에게 주신 적이 없습니다.(행 4:12)

우리가 가는 길은 결코 넓은 길이 아니라, 도리어 힘들고 수고가 따르는 좁은 길입니다. 그 까닭은 우리의 신앙이 성숙할수록 주님이 더 큰 계시를 보여 주시기 때문입니다.

이를 깨닫게 하시고자 사도 요한에게도 "보좌에 앉으신 하나님"을 보여 주십니다.(계 4:2 하) "보좌"는 시대를 반영하는 표현으로 당시 로마 황제의 보좌는 단순한 의자가 아니라, 세상의 중심을 가리키는 하나의 상징물로 모든 법률로부터 자유를 누리는 신적 존재로 추앙되었습니다. 한마디로 로마가 신이고 정의입니다.

그런데 요한은 세상 로마 황제의 보좌보다 더 높은 하늘 보좌를 환상으로 보고 있습니다. 왜 보좌를 보여 주십니까? 성도들이 너무 힘들고 버틸 힘이 없으니까 소망을 주기 위해 보여 줍니다.

궁극적인 승리는 로마 황제가 아니라 참보좌에 앉으신 하나님께 있다는 이런 메시지를 통해서 지친 성도들을 실망시키지 않고, 실제 적인 능력이 되는 하나님 나라의 복음을 선포하고 전하기 힘든 감격과 능력을 전합니다.

요한계시록은 너무 힘든 우리에게 하늘 문을 열어 보여 주시고 보좌에 앉으신 분에게 집중되게 하십니다.

> "앉으신 이의 모양이 벽옥과 홍보석 같고 또 무지개가 있어 보좌에 둘렸는데 그 모양이 녹보석 같더라 또 보좌에 둘려 이십 사 보좌들이 있고 그 보좌들 위에 이십 사 장로들이 흰 옷을 입고 머리에 금 면류관을 쓰고 앉았더라" 계 4:3-4

3절에서 "같고", "같더라" 그 자체가 구상적인 물질을 묘사한 것이 아니라 하나의 상징을 보여 주고 있습니다. "벽옥"은 다이아몬드처럼 투명한 빛을 띠는 보석으로 거룩을 상징합니다. "홍보석"은 붉은색의 보석으로 진노와 심판을 의미합니다. 푸른색의 "녹보석"은 긍휼을 상징합니다.

특별히 무지개가 보좌를 둘렸다고 합니다. 무지개는 비가 그친 뒤에 뜹니다. '비'는 고난을 상징합니다. 창세기 9장에서 하나님이 노아 홍수 후에 이 세상을 물로 심판하지 않겠다는 언약을 세우실 때 무지개를 징표로 보여 주셨습니다. 이것이 우리가 믿는 유일한 희망이자 내 삶의 동력임을 상징으로 작용하고 있습니다.

"또 보좌에 둘려 이십 사 보좌들이 있고 그 보좌들 위에 이십 사 장로들이 흰 옷을 입고 머리에 금 면류관을 쓰고 앉았더라" 사도 요한은 하나님의 보좌 둘레로 이십사 개의 보좌 위에 이십사 장로들이 앉은 것을 봅니다. 이들은 과연 누구입니까?

그들의 정체성을 알 수 있게 계시한 것이 곧 흰옷을 입고 금 면류관을 쓰고 앉아 있었습니다. 금 면류관은 하나님의 말씀으로 순교까지 하여 가장 존귀와 영광을 받은 이긴 자임을 계시합니다.

흰옷은 순결과 승리를 의미한, 깨끗하고 흠이 없는 신앙을 상징합니다. 직설적으로 말하면 "나는 죄인입니다."라고 외치는 사람이 흰옷 입은 자입니다.

예를 들어 바울은 "나는 스데반을 죽인 사람이고 예수 믿는 사람을 잡아 죽이려고 다메색으로 가던 사람"이라는 자기 성찰로 악에서 멀어졌을 것입니다. 바울은 거듭난 후 자신을 '사도 중에 가장 작은 자'라고 했다가 죽음이 다가 왔을 때는 '죄인 중에 괴수'라고 했습니다.

"그러나 나의 나 된 것은 하나님의 은혜로 된 것이니 내게 주신 그의 은혜가 헛되지 아니하여 내가 모든 사도보다 더 많이 수고하였으나 내가 아니요 오직 나와 함께 하신 하나님의 은혜로라"(고전 15:10)고 고백하는 것입니다.

죄는 있다가 잊어버리는 것이 아닙니다. 주님을 알면 알수록 전적으로 나는 "부패한 사람이었지."라고 더욱 생각나는 것이 죄의 특징입니다.

바울 역시 전에는 그랬습니다. 그때를 일컬어 "전에 법을 깨닫지 못할 때에는 내가 살았더니 계명이 이르매 죄는 살아 나고 나는 죽었도다"(롬 7:9)라고 고백하는 것입니다. 자기 죄에 대한 정확한 인식이 있는, 그런 사람이야 말로 오직 은혜로만 주님과 동행할 수 있습니다.

한국 장로교 길선주 목사님의 이야기입니다. 1907년 1월 6일 평양 장대현교회에서 다음과 같은 내용의 회개를 대중 앞에서 드러내셨습니다.

"나는 아간과 같은 자입니다. 나 때문에 하나님께서는 복을 주실 수가 없습니다. 약 1년 전에 친구가 임종 시에 나를 자기 집으로 불러서 재산 관리를 부탁했는데, 나는 잘 돌보아 드릴 터이니 염려하지 말라고 말했습니다. 그리고 나는 미화 100달러를 훔쳤습니다."

목사님의 눈에는 회개의 눈물이 흘렀습니다. 마침내 하늘 문이 열리자 여기저기서 회개의 통곡 소리가 터져 나오고 교회당이 눈물바다가 되었습니다. 신자들의 마음속에 주님이 임하셨습니다.

요한계시록 책의 목적은 하나님의 계시의 의미를 정확히 전하는 놀라운 복음입니다. 오늘 내게도 하나님께서 맡기신 말씀이 있습니다. 맡기신 것을 다른 사람들에게 넘치게 주어야 합니다. 이것이 얼마나 복을 받는 비결인지 모릅니다. 그러므로 자신이 체험한 것을 누군가에게 간증해야 합니다.

필자인 저는 확신이 있습니다. 험악한 세월을 통해 말씀을 깨달은 자에게 거듭남을 허락하시고 새 하늘과 새 땅을 보여 주신다는 것이 요한계시록의 핵심입니다.

창세기 47장을 보면 야곱이 바로 왕과 만나는 장면이 나옵니다. 우리가 주목해야 될 말씀이 야곱이 130세를 살았어도, 자기가 험악한 세월을 살았다고 표현한 부분입니다. "나는 행복했습니다. 내 일생은 하나님의 은혜였습니다."라고 고백한다는 것은 대단히 중요한 일입니다. 그런데 야곱은 그렇게 대답하지 못했습니다. 야곱이 애굽 왕을 처음 만난 자리에서 이렇게 말합니다.

"바로가 야곱에게 묻되 네 나이가 얼마냐 야곱이 바로에게 아뢰되 내 나그네 길의 세월이 백삼십 년이니이다 내 나이가 얼마 못 되니 우리 조상의 나그네 길의 연조에 미치지 못하나 험악한 세월을 보내었나이다 하고 야곱이 바로에게 축복하고 그 앞에서 나오니라" 창 47:8-10

늦은 비

어쩌면 우리 모두가 자기 인생을 뒤돌아보면 험악했습니다.

요셉의 인도로 바로 앞에 선 야곱이 스스로 험악한 세월을 살았다는 이야기를 하고 바로 왕을 축복하고 그 앞에서 나옵니다.

인간적인 방법으로 살게 되면, 하나님의 말씀이 안 들립니다. 안 들리니까 하나님께서 사건마다 간섭하시고 환도뼈를 위골시키면서 꺾은 것입니다. 나의 험악한 세월을 고백하고, 수치와 어둠 속에 임한 하나님의 축복을 간증하는 것이 다른 이를 축복하는 방법입니다.

우리가 살다 보면 사방으로 다 막혀서 험악한 삶을 사는 것 같지만, 하늘 문이 열려 있기 때문에 하나님과 교통할 수 있습니다. 문제는 하늘 문이 열려 있지만 보지 못하는 것뿐입니다.

야곱이 험악한 삶을 간증하며 강대국 애굽의 왕 바로를 축복했더니, 바로가 야곱과 그 가족을 공궤합니다.(창 47:11-12)

야곱이 험악한 삶을 통해 인생이 나그네 길임을 알고 가야 할 본향의 실체를 붙잡았습니다. 믿음의 조상으로서 "땅의 모든 족속이 너로 말미암아 복을 얻을 것이라"는 말씀이 이루어졌습니다.(창 12:3)

마찬가지로 나의 험악했던 세월을 고백하고, 수치와 어둠 속에 임한 하나님의 축복을 간증하는 것이 다른 이를 살리는 방법입니다. 믿는 사람이라고 영적 전투를 피할 수 있는 것은 아닙니다.

하나님께서 우리를 보호하신다는 것은 환난을 면하게 하신다는 말씀이 아닙니다. 환난 속에서 넘어지지 않게 인도하신다는 의미입니다. 우리가 불 속에 들어가지 않도록 보호하시는 것이 아니라 불 속에 들어가더라도 임마누엘 되시는 하나님이 함께하시겠다는 것입니다.

남편이 췌장암 말기라는 진단을 받은 후, 남편과 함께 한국으로 귀국했습니다. 그리고 항암치료를 받으며 하나님께 묻고 기도하고 씨름하는 인생을 살게 된 것입니다.

남편의 항암 치료를 받으며 고통스러운 모습을 볼 때는 마치 제단 위의 번제물을 불로 사르는 화제 같았습니다. 제가 남편이 겪는 아픔을 보면서 암 환자들이 신음하는 소리도 이해하게 됐습니다.

내가 왜 이렇게 아득한 곳에 와 있나! 말씀을 묵상하면 "이후에 마땅히 될 일을 내가 네게 보이리라 하시더라"(계 4:1) 하나님의 말씀이 특별히 임하기 위해서라고 하십니다.

"네가 있는 곳이 하나님의 전이요 이는 하늘 문이다" 그러니까 내가 교회요 내 안에 성령이 전이라고 감동을 주십니다. 주의 말씀으로 내가 왜 이런 인생의 날을 보내는가! 그 이유를 깨닫게 하십니다.

그날 밤중에 남편이 울면서 "내가 왜 이렇게 되었나!" 마지막이라는 말을 하는 것입니다. 그런데 방 안이 환해지더니, 이곳이 하나님 전이요 하늘 문이라고 감동을 주시고 "네 남편이 한 사람 예수다."라는 음성을 듣고 나는 그 자리에서 새 방언으로 기도하며 통곡했습니다.

나는 남편을 얼싸안고 울었습니다. 남편은 흐느꼈습니다. 상황이 바뀌는 것이 아니라 하나님의 친밀한 임재로 우리와 함께 계시다는 확신이 바로 하나님의 전이되는 것입니다.

요한복음 10장에 의하면 "예수께서 가라사대 너희 율법에 기록한 바 내가 너희를 신(하나님)이라 하였노라 하지 아니하였느냐 성경은 폐하지 못하나니 하나님의 말씀을 받은 사람들을 신(하나님)이라 하셨거든"(요 10:34-35)

이것은 우리의 영적인 모습입니다. 하나님과의 사귐이 있고 하나가 되었다는 것은 죄 사함을 받았다는 뜻입니다. 빛은 항상 빛 가운데서 행하지 어두움 가운데서 행할 수 없습니다.

해, 달, 별이 떨어지는 우주적 재앙

"내가 보니 여섯째 인을 떼실 때에 큰 지진이 나며 해가 총담 같이 검어지고 온 달이 피 같이 되며 하늘의 별들이 무화과 나무가 대풍에 흔들려 선 과실이 떨어지는 것 같이 땅에 떨어지며 하늘은 종이 축이 말리는 것같이 떠나가고 각 산과 섬이 제 자리에서 옮기우매 땅의 임금들과 왕족들과 장군들과 부자들과 강한 자들과 각 종과 자주자가 굴과 산 바위틈에 숨어 산과 바위에게 이르되 우리 위에 떨어져 보좌에 앉으신 이의 낯에서와 어린 양의 진노에서 우리를 가리우라 그들의 진노의 큰 날이 이르렀으니 누가 능히 서리요 하더라" 계 6:12-17

저는 미국에서 실제로 큰 지진은 아니지만 침대가 흔들리고 선반에 올려놓은 것들이 바닥에 떨어지는 것을 겪어 보았습니다.
2023년 2월 6일 세계보건기구가 시리아 국경 인근 튀르키예(터키) 남동부에서 이른 새벽 발생한 강진으로 인한 사망자 수가 8배 증가할 수 있다며 경고했습니다. 우리가 사는 현장에서 피할 수

늦은 비

없이 일어나고 있는 현실적인 문제입니다.

어린양이 여섯째 인을 떼실 때에, 해가 검어지고, 달은 피같이 되며, 또 하늘에 떠 있던 별들은 설익은 무화과 열매가 거센 바람에 흔들려 떨어질 때처럼 땅으로 떨어집니다. 땅과 우주의 모든 피조물이 하나님의 심판을 경험하게 됩니다.

많은 별들이 충돌하지 않는 것은 하나님이 끈으로 묶어 두셨기 때문입니다. 그러나 하나님께서 손을 한 번 놓으시면 온 우주가 큰 재앙을 맞습니다. 해가 빛을 잃고, 달이 떨어지고, 천체 질서가 무너집니다.

해, 달, 별은 우리 눈에 보이는 것 중에서 가장 최고라고 여겨지는 대상입니다. 이 말씀은 보이지 않는 우리 내면의 영적 세계를 보여 주고 있습니다. 해, 달, 별이 떨어지는 우주적 재앙, 우주적 죽음을 내린다는 것입니다.

내 인생 전체를 뒤흔드는 재앙 가운데서 중심 잡고 서 있을 사람이 과연 몇 사람이나 있겠습니까? 재물, 권세, 명예 다 가졌어도 예수 그리스도로 거듭나지 않으면 누구도 내게 닥친 우주적인 환난을 해석하지 못합니다.

모든 인생, 문명 그리고 역사는 끝이 있습니다. 이 땅의 것들은 떠나고 사라지게 되어 있습니다. 영존하는 것이 없습니다. 마지막에 하나님과 그의 백성, 그리고 하나님의 나라만 영원합니다.

땅에서 일어나는 모든 일에는 하나님의 손길이 작용하고 있으며, 이 땅에 내리는 모든 재앙은 하나님의 섭리 중에 이루어진다고 인정해야 합니다.

마태복음 24장 29절을 살펴봅니다. "그날 환난 후에 즉시 해가 어두워지며 달이 빛을 내지 아니하며 별들이 하늘에서 떨어지며 하늘의 권능들이 흔들리리라"

여기서 말하는 "그날"이란 어떤 날을 말하는 것일까요? 그날은 우리가 흔히 알고 있는 대로 우주 종말의 때를 말하는 것이 아닙니다. "그날"이란 한 인간이 육신적으로 살던 삶의 마지막 때를 말합니다.

율법 아래서의 긴 세월 동안 자기 옳다 함의 노력으로 선교다, 봉사다, 금식기도다, 이웃 사랑이다 등등… 이리저리 이끌려 결국 지쳐 쓰러지게 되는 때를 말합니다. 이때가 이들의 믿음 인생에서 참예수를 만나는 때입니다. 참예수를 만남으로 이들은 이전 육에 속한 삶이 그 마지막 때에 도달한 것입니다.

왜냐하면 앞으로 예수에 이끌린 삶으로 인하여 새로운 생명을 받은 존재로 거듭날 것이기 때문입니다. 이때가, 육으로 난 생명

늦은 비

의 마지막 때인 것입니다. 이 마지막 때는 자신들에게 있을 예수의 십자가 사건으로 완성되게 됩니다. 정리하면, 예수의 말씀에 의해서 옛사람의 사고 체계가 무너지는 이 환난은 지금까지 우리 인생에 전혀 없던 것입니다.

또한 이 환난은 우리가 이 환난을 온전히 거치고 나면, 이후로는 없습니다. 한 인생에 있어서 십자가 사건은 오직 한 번뿐이기 때문입니다. 지금 예수에 의해서 옛사람이 십자가에 못 박히는 "그날"의 이것은 우리 개인의 인생에 있어서 전무후무한 환난의 날인 것입니다.

예전에 남편은 사업이 잘되어서 토지, 건물, 단독주택과 아파트 부동산 투자로 재산을 늘려 나갔습니다. 그러니 교만도 대단하지 않았겠습니까? "누가 능히 나를 땅에 끌어내리겠느냐."가 저절로 나왔을 것입니다. 그러다가 'IMF 외환 위기 사태'가 국민들에게 엄청난 충격을 안겨다 주었습니다. 진짜 경제 위기가 무엇인지 알게 되었습니다. 그야말로 해, 달, 별이 떨어지는 우주적인 재앙이 우리 집안에 닥쳤습니다.

다 망했어도 남편은 위축이 되지는 않았습니다. 그 정도 망해서는 남편이 바위틈에 거하는 사람이 될 수는 없었습니다. 그러나 더 높은 별 사이에 깃들지라도 교만한 자는 하나님이 반드시 끌어내리십니다. 어떤 고난에서도 아래로 내려오지 못한 제가 눈에 보이는 것 중에 최고라고 여기는 별(자식)이 떨어지니 주제 파악을 하게 되었습니다.

"하늘은 종이 축이 말리는 것 같이 떠나가고 각 산과 섬이 제 자리에서 옮기 우매"(계 6:14) 이 구절을 잘 보면 "떠나가다", "옮겨지다" 두 가지 동사가 등장합니다.

이 말씀을 종국적으로는 영원한 것만 남는다는 것입니다. 처음 것들은 다 없어지고 그 후에 새 하늘과 새 땅만 남는다는 것입니다. 하나님께서 주시는 재앙은 그 자체가 목적이 아닙니다. 우리에게 재앙이 아닌 희망이 넘치는 미래를 주시려는 것입니다.

> "또 내가 새 하늘과 새 땅을 보니 처음 하늘과 처음 땅이 없어졌고 바다도 다시 있지 않더라 또 내가 보매 거룩한 성 새 예루살렘이 하나님께로부터 하늘에서 내려오니 그 예비한 것이 신부가 남편을 위하여 단장한 것 같더라" 계 21:1-2

처음 하늘과 처음 땅이 개선되는 정도가 아니라 처음의 하늘과 땅이 없어 지고, 새 하늘과 새 땅에서 '새'에 해당하는 헬라어 '카이노'는 질적으로 완전히 다르다는 뜻을 가진 단어입니다.

처음 하늘과 땅이 인간들로 인해 오염된 것은 불로 태우시고 지금까지 경험하지 못한 새 하늘과 새 땅을 지으신다는 것입니다. 세상의 모든 것은 나를 훈련시키기 위해 존재하다가 내가 완전해

늦은 비

지면, 세상 것들이 사라질 것이었던 것을 알게 됩니다.

> "이미 있던 것이 후에 다시 있겠고 이미 한 일을 후에 다시 할찌
> 라 해 아래는 새 것이 없나니" 전 1:9

해 아래는 새것이 없다고 하는 것은, 인간 내면 속에 잠재된 죄악들은 언제나 반복되기에 끊임없이 재앙을 통해서 나의 남은 부분들을 회개케 하시며 성숙하게 하십니다. 우리가 거주하는 이 시간과 공간은 인간에게 죄가 들어오는 순간 타락해 버렸습니다.

그런데 이 시간만 완전히 물러가고 없어지는 것이 아닙니다. 바다도 다시 있지 않습니다. 요한계시록 전체에서 바다는 일관되게 악한 영들의 활동 공간으로 묘사됩니다.

성경의 기록은 역사적인 사실에 근거를 하여 기록되었다 할지라도 영적인 의미는 따로 있습니다. 영적인 의미란, 성령의 조명을 받아야 드러나는 감추어진 뜻이며, 그 의미가 시간과 공간을 초월하여 지금 우리에게 적용되는 하나님의 말씀입니다.

"새 하늘과 새 땅"은 본질적인 새로움을 의미하는 것으로 개선되는 정도를 의미하는 것이 아니라, 처음의 하늘과 땅이 없어져 존재하지 않습니다.

우리가 살고 있는 곳을 시공간이라고 말할 수 있습니다. 이 시공간은 인간에게 죄가 들어오는 순간 다 같이 타락했습니다. 인간이

복되게 살지 못하는 것은 돈이 없어서가 아니라 죄 때문입니다.

하나님은 거룩하시기에 우리도 거룩을 위해서 죽어지는 적용을 하고 순종을 해야 합니다. 어느 공동체나 자기의 죄를 보고 약점을 인정하며 섬기는 한 사람이 있다면 바로 그 한 사람이 말씀으로 고침 받고 훈련을 거친, 새 하늘과 새 땅에 거하며 하나님의 은혜를 누리는 믿음의 사람입니다.

징표가 있습니다. 사이리니 집사님의 편지입니다.

"저는 우리 사이리니 교회 장로님을 존경했습니다.
오늘 장로님이 소천하셨다는 소식을 듣게 되었습니다. 나의 영적 아버지, 천국에서 편히 쉬고 계실 귀하신 우리 장로님 이별의 아픔이 크지만 오늘 새벽 기도 중 "not quilt, not quilt, not quilt (죄가 없다)."고 3번 들었습니다. 장로님 소천하셨다는 소식 듣고 장로님께서 천국에 가셨다는 것을 미리 알려 주신 것을 알았습니다.
저도 하나님의 선물인 믿음으로 죄 없이 깨끗하게 살다가 천국 가서 장로님 꼭 뵙겠습니다. 너무 많이 생각나고 그립습니다. 천국에서 우리 사이리니 가족들을 지켜봐 주세요. 사랑하는 목사님과 가족들께 하나님의 위로와 평안으로 새 힘을 주시기를 예수님 이름으로 기도드립니다."

남편의 직분은 장로입니다. 장로님이 천국으로 가기 바로 전에 성령의 감동을 받아서 장로님에게 말씀을 전했습니다.

> "야곱아 너를 창조하신 여호와께서 이제 말씀하시느니라 이스
> 라엘아 너를 조성하신 자가 이제 말씀하시느니라 너는 두려워
> 말라 내가 너를 구속하였고 내가 너를 지명하여 불렀나니 너는
> 내 것이라" 사 43:1

야곱의 이름이 이스라엘로 바꾸어 부르는 과정 가운데 "이제"라는 말이 두 번 들어 있는 것은 깊은 영적인 진리가 있습니다.

남편의 귀에다 대고 "하나님이 두려워 말라고 하셨어요. 정장로!", "내가 너를 지명하여 불렀나니 너는 내 것이라." 말씀을 주셨다고 소망을 전하니 순종하는 자세로 고개를 천천히 끄덕이며 긍정적인 반응을 보였습니다.

조금 있으니 담당 간호사가 들어오더니 "작별 인사하세요."라고 내게 작은 소리로 말했는데, 남편이 그 소리를 듣고 작별 인사로 입술을 내미는 것입니다. 나는 남편의 입술과 얼굴 전체에 말도 못 하고 두 뺨을 흠뻑 적신 눈물로 마지막 작별 인사를 했습니다. 남편이 평안함으로 안식에 들어갔다는 감동을 주셨습니다.

작별한 후에, 미국에 있는 정 권사(남편이 사랑하는 하나뿐인

여동생)와 통화를 하게 되었는데 거반 죽은 사람 상태였습니다. 오빠가 살고 싶어하는 그 간절한 그 마음이 와서 이렇게 기도를 했다고 합니다.

"하나님! 오빠 대신 나의 생명을 거두고 오빠를 살려 주세요."

필자인 저는 정 권사의 죽음도 불사한 그 마음을 알았습니다. 그 깊은 사랑의 기도가 상달되었던 그 시간이 바로 "내가 너를 지명하여 불렀나니 너는 내 것이라." 남편에게 약속의 말씀을 주셨다고 전했을 때였습니다. 남편의 모습이 평강으로 인도하시는 하늘 가는 밝은 길이었습니다.

그 사랑의 영성이 요한복음 15장 13-14절입니다.

"사람이 친구를 위하여 자기 목숨을 버리면 이에서 더 큰 사랑
이 없나니 너희가 나의 명하는 대로 행하면 곧 나의 친구라"

우리가 말씀을 제대로 실행할 때 예수를 제대로 믿는 것이고, 예수의 제자가 될 것입니다. 그들은 더 이상 자신의 주장이 없고 오직 주님께 순종하는 것만이 있을 뿐입니다.

하나님의 나라는 율법 아래서 지쳐 쓰러진 사람들의 것입니다. 예수 믿는 자들은 당연히 이렇게 해야 합니다. 그래야 예수님의 제자가 될 것이고, 하나님의 나라에 들어갈 것이기 때문입니다.

우리는 이 일을 과연 할 수 있는지 아니면 나 잘났다고 우기는

늦은 비

지에 따라서 자신이 하나님의 나라에 들어가고 못 가고가 결정이 되는 것입니다. 여기서 예수님께서 말씀하시는 친구는 하늘나라에 있는 친구입니다.

이런 하늘 친구를 사귈 수 있으려면 어떻게 해야 할까요? 그것은 예수를 따르는 삶을 살아야 합니다.

예수님은 자신을 따랐던 제자들이 도중에 도망가지 않고 끝까지 잘 견디어서 십자가 사건을 앞에 두고 있을 때 비로소 이들을 친구라고 부르십니다. 이것을 보면 예수님이 말씀하시는 친구란 거듭난 자를 뜻하는 것을 알 수 있습니다.

"이제부터는 너희를 종이라 하지 아니하리니 종은 주인의 하는
것을 알지 못함이라 너희를 친구라 하였노니 내가 내 아버지께
들은 것을 다 너희에게 알게 하였음이니라" 요 15:15

이것을 칭찬함으로 하나님 나라에 들어가는 과정을 계시하시는 것입니다. 우리도 예수의 인도 아래 자신의 율법의 의를 버리면, 그래서 그것이 온전히 자신에게서 사라짐과 동시에 하나님의 나라(영원한 처소)에 들어가 많은 예수의 친구들인 거듭난 자들을 만날 것입니다.

그래서 저는 거듭난 그리스도인들은 그 삶이 확연히 달라진 것을 목도하며, 그들의 말씀 적용과 간증을 이 책에 기록한 것입니다.

다시 예언하여야 하리라

"하늘에서 나서 내게 들리던 음성이 또 내게 말하여 가로되 네
가 가서 바다와 땅을 밟고 섰는 천사의 손에 펴 놓인 책을 가지
라 하기로 내가 천사에게 나아가 작은 책을 달라 한즉 천사가
가로되 갖다 먹어버리라 네 배에는 쓰나 네 입에는 꿀 같이 달
리라 하거늘 내가 천사의 손에서 작은 책을 갖다 먹어 버리니
내 입에는 꿀 같이 다나 먹은 후에 내 배에서는 쓰게 되더라 저
가 내게 말하기를 네가 많은 백성과 나라와 방언과 임금에게 다
시 예언하여야 하리라 하더라" 계 10:8-11

하늘로부터 요한에게 들리던 그 음성이 들려 왔습니다. "바다와
땅을 밟고 서 있는 천사에게 가서, 그 손에 있는 두루마리를 받아
먹으라" 하니 "예" 하고 요한이 받아 먹어 버립니다. 자신에게 명
하는 대상을 신뢰하면서 그대로 순종하고 있습니다.

천사는 "네 배에 들어가면 쓰겠지만, 네 입에서는 꿀처럼 달 것
이다"라고 말했습니다.

우리는 이미 예수 믿고 있는데도 여전히 수고하고 무거운 짐이 있습니다. 왜 그럴까요? 그동안 예수를 잘못 믿었다는 뜻입니다. 제대로 믿었다면 이 말씀이 자신에게 이루어져서 지금쯤 가볍고 쉼이 있고 평강이 있어야 합니다. 그러나 자신의 옛사람이 너무 강해서 자기식으로 신앙생활을 하기 때문입니다.

그렇게 긴 세월 이리저리 이끌림을 받다가 지쳐 쓰러집니다. 그럴 때 비로소 예수님의 말씀이 들리기 시작합니다. 그런 과정을 통하여 옛사람은 십자가에 못 박히게 됩니다. 그 후 예수로 인한 참된 안식과 동시에 순종하는 사람이 됩니다.

> "우리는 부분적으로 알고 부분적으로 예언하니 온전한 것이 올 때에는 부분적으로 하던 것이 폐하리라" 고전 13:9-10
> "너희는 믿지 않는 자와 멍에를 같이 하지 말라 의의 불법과 어찌 함께 하며 빛과 어두움이 어찌 사귀며" 고후 6:14

저는 초보 시절에 이 말씀이 이해가 되지 않아 고민했습니다. '그럼 예수 믿는 자만 사귀면! 사업장의 직원이 불신자들인데 누가 전도를 해야 하지?'

성경은 세상일을 놓고 이렇게 하라 저렇게 하라는 지시하는 규례가 아닌 것을 나중에 알았습니다. 바울의 이 말은 새 생명을 가지게 되면 옛 생명과 섞일 수 없다는 이치를 말하고 있다는 것을 알게 되었습니다. 그러므로 새 생명을 살게 되면, 옛 생명을 가진 사람과 말을 해도 못 알아듣습니다.

이것은 노력의 문제가 아니라 본질의 문제입니다. 본질을 알게 되면, 그때 비로소 "네 입에는 꿀 같이 다나 네 배에서는 쓰게 되리라" 그 이전에는 아무리 설명해도 무엇인지 모르다가, 온전한 것이 오면 부분적으로 하던 것이 폐하고 다시 예언하게 될 것입니다.

사도 바울도 부분적으로만, 알 때가 있었습니다. 다시 예언하려면 성경을 먹어야 합니다. 에스겔 선지자도 먹었습니다.

"내게 이르시되 인자야 내가 네게 주는 이 두루마리로 네 배에 넣으며 네 창자에 채우라 하시기에 내가 먹으니 그것이 내 입에서 달기가 꿀 같더라 그가 또 내게 이르시되 인자야 이스라엘 족속에게 가서 내 말로 그들에게 고하라" 겔 3:3-4

에스겔 선지자가 먹은 하나님 말씀의 책을 언급한 것은 타락한 동포들에게 가서 이 말씀을 전해야 했습니다. 은밀하게 숨겨진 어두운 속사람이 말씀으로 우리의 실상이 드러나고, 하나님의 말씀을 통해 영적으로 병든 부분을 말씀과 성령으로 수술하고 치료하시기 때문입니다.

"하나님의 말씀은 살았고 운동력이 있어 좌우에 날선 어떤 검보
다도 예리하여 혼과 영과 및 관절과 골수를 찔러 쪼개기까지 하
며 또 마음의 생각과 뜻을 감찰하나니" 히 4:12

히브리서 저자는 하나님의 말씀은 살아 있고, 능력이 넘치며,
어떤 양날의 칼보다도 더 날카롭기 때문에, 우리의 영과 혼까지
능히 찔러 쪼개며, 관절과 골수까지 충분히 꿰뚫어서 파고듭니다.
뿐만 아니라, 하나님의 말씀은 우리의 마음속에 있는 생각이나
의도도 모조리 다 밝혀낸다고 했습니다. 히브리서 저자도 분명 말
씀의 맛을 본 사람일 것입니다.

"저가 내게 말하기를 네가 많은 백성과 나라와 방언과 임금에게
다시 예언 하여야 하리라 하더라" 계 10:11

"다시 예언 하여야 하리라"는 뜻은 하나님 말씀은 입에서는 달
지만, 십자가로 거듭나는 과정에서는 힘든 고통의 쓴맛을 체험적
으로 알게 된 말씀입니다. 이처럼 체험한 복음을 사람들에게 증거
하라는 것입니다. 즉 세계 만민을 향하여 위임되었습니다.
사도 요한의 영성이 무엇입니까? 요한복음 요한 1, 2, 3서를 평
생 외쳤습니다. 그런데도 백성들이 회개를 하지 않습니다. 요한계
시록에서 다시 예언하라고 합니다. 복음이 없었던 것이 아닙니다.

시편 119장 103절을 보면 "하나님의 말씀이 송이 꿀보다 더 달다"고 할 정도로 그 말씀이 우리에게 달콤합니다. 먹은 그 말씀을 다시 많은 백성과 나라와 방언과 임금에게 다시 예언하라고 하십니다.

그 대상들이 가족, 친지 많은 백성들에게 다시 전해야 합니다. 하나님께서 이렇게까지 살리려고 하십니다. '다시'에 강조점이 있습니다. 세상을 향해서 전하려면 반드시 먼저 하나님 말씀에 대한 허기가 회복되어야 합니다. 비밀은 예수 그리스도의 복음입니다. 계 10장의 핵심은 오직 말씀으로 이긴다는 것입니다.

> "귀 있는 자는 성령이 교회들에게 하시는 말씀을 들을찌어다 이기는 그에게는 내가 감추었던 만나를 주고 또 흰 돌을 줄터인데 그 돌 위에 새 이름을 기록한 것이 있나니 받는 자 밖에는 그 이름을 알 사람이 없느니라" 계 2:17

만나는 만나인데 "감추었던 만나"를 하나님이 주십니다. 예수님은 구약에서 광야에 내렸던 만나가 자신이라고 주장하며 그 의미를 해석해 주십니다. "너희 조상 들은 광야에서 만나를 먹었어도 죽었거니와 이는 하늘로서 내려오는 떡이니 사람으로 하여금 먹고 죽지 아니하게 하는 것이니라"(요 6:49-50)

이스라엘 백성들은 광야에서 하나님이 하늘에서 내려 주시는 만나를 먹었습니다. 그러나 그들은 하늘의 만나를 먹고도 죽었습니다. 이것은 우리의 다음과 같은 모습을 상징하고 있습니다.

우리가 율법 아래서 신앙생활을 할 때 하나님께 기도하여 육신의 먹을 것을 해결합니다. 그러나 육신의 양식을 먹는다 해도 나중에는 결국 죽습니다. 그래서 예수님은 썩어질 음식을 위해 일하지 말고, 영생을 주는 음식을 위해 일하라고 하셨습니다.

그러므로 썩는 양식을 위하여 일하지 말고, 영생하도록 있는 양식을 위하여, 예수 그리스도 안에 들어가는 것이 곧 하나님의 나라에 들어가는 것입니다. 예수 그리스도로 말미암은 양식을 먹게 됩니다. 이것이 하늘에서 내리는 양식입니다. 예수님은 이 양식을 "영생하도록 있는 양식"이라고 하십니다.

요한계시록은 궁극적으로 하나님의 택한 백성이 누릴 복이 무엇인가를 설명하는 책이고, 이런 의미에서 내 입에는 달지만 배에서는 쓰게 된다는 뜻입니다.

그리고 하나님의 말씀을 먹는 과정이 전제되지 않으면 교회와 성도로서, 시대와 역사 앞에서 예언하는 소명을 감당할 수 없습니다. 하나님의 말씀은 살아 있고 효력이 있어 엄청난 생명의 능력이 있습니다.

"하나님의 말씀은 살았고 운동력이 있어 좌우에 날선 어떤 검보 다도 예리하여 혼과 영과 및 관절과 골수를 찔러 쪼개기까지 하 며 또 마음의 생각과 뜻을 감찰하나니 지으신 것이 하나라도 그 앞에 나타나지 않음이 없고 오직 만물이 우리를 상관하시는 자 의 눈앞에 벌거벗은 것같이 드러나느니라" 히 4:12-13

이렇게 살아 있는 말씀임을 선포함으로써 부정적인 가치관에 당당히 맞서는 것입니다. 왜냐하면, 하나님의 말씀은 옛사람을 처 리하는 살아 있는 말씀이기 때문입니다. 그 과정에서 우리에게 연 단으로 나타나게 됩니다. 잘 견뎌서 이겨 내야 합니다.

복 있는 사람은 오직 여호와의 율법을 주야로 묵상합니다. 묵상 은 히브리어 '하가'입니다. '하가'라는 말은 말씀을 통해 하나님을 더 생각하는 것을 의미하며 그분의 말씀에 더 집중하여 되새김질 하는 모습으로 "두루마리를 갖다 먹어 버리라"는 것은 바로 이런 정도 강도를 지닌 말입니다.

"복 있는 사람은 오직 여호와의 율법을 즐거워하여 그의 율법을 주야로 묵상하는 자로다"(시 1:2) 복 있는 사람은 누구입니까? 진정 한 행복이 하나님께 있음을 굳게 믿는 사람입니다.

오직 하나님의 말씀 속에서 길을 찾고, 하나님의 말씀을 사랑하 여 즐거워하며 순종합니다. 그래서 성경을 읽고 깊이 묵상하면서 연단을 받아 장성한 분량에 올라가는 것이 중요합니다.

과실을 맺는 것은 이른 비, 늦은 비, 뙤약볕, 겨울의 때가 있어야만 가을에 열매를 맺게 되는 것입니다. 환경 때문이 아니고 말씀을 묵상하고 깨달아야 합니다. 이 땅에서 하나도 새것이 없고 예수님이 미리 다 걸어가 주셨습니다.

때와 기한은 하나님 아버지의 권한으로 정하신 것이기 때문에, 하나님을 사랑하고 내가 구원이 된 줄 믿고 걸어가면 구원이 될 줄 믿습니다.

"태초에 하나님이 천지를 창조하셨다"는 이 말씀은 기독교 진리의 선포이며 대전제입니다. 이 진리가 무너지면 모든 진리가 다 무너집니다. 그분이 천지를 창조하신 창조주라는 것을 인정하고 고백하는 것은 어렵지 않습니다.

그러나 하나님 방법, 즉 말씀이 옳다고 인정하고 그것을 따라 사는 일은 쉽지 않습니다. 왜냐하면 자아가 강한 인간은 본능적으로 그렇게 하는 것이 힘들기 때문입니다.

그러나 복 있는 사람은 하나님의 말씀을 자기 삶의 원칙으로 삼습니다. 우리들에게 가장 귀한 것은 믿음입니다. 믿음은 성경을 아는 것만큼입니다. 믿음은 '전능하신 하나님의 말씀 믿는 것'입니다. 하나님을 내 삶의 왕으로 받아들여 그 말씀 따라 살아가야 합니다.

그래서 악인은 자신의 꾀를 좇아 살지만 의인은 하나님의 말씀 따라 믿음으로 삽니다. 자신의 주제를 파악하고 순종을 하는 것이 가장 시간을 아끼는 길인데 거기서 순종을 하지 못하면 열매가 없는 것입니다.

그러므로 늦은 비를 피해서, 뙤약볕을 피해서 어디로 가면 열매가 없습니다. 열매 맺는 것은 특별한 기술이 필요한 것도 아닙니다. 자기 십자가를 지는 것입니다.

우리의 옛사람이 예수와 함께 십자가에 못 박힌 것은 이제 율법의 종노릇하는 데서 벗어나 온전히 예수의 생명과 하나되어, 십자가 사건이 자신에게 이루어져 생명을 받아 거듭나는 것이 열매 맺는 것입니다. 이제 사이리니 교회 성도 중에는 묵상과 적용, 상담, 간증이면 간증이 구체적으로 이루어지고 있습니다.

〈사라리 집사님 간증〉

깊고 깊은 생명의 말씀을 잘 듣고 지키려는 자는 복 중에 복을 받은 사람입니다. 그리스도께서 오셔서 저를 지배하시니 그 어떤 것보다도 최고로 복을 받았고 최고로 기쁩니다.

희망찬 새해 2023년 하나님의 주권으로 하나뿐인 딸 사랑이 남자친구를 우리 집에 보내셨습니다. 현재 Biola에서 비즈니스 공부하는 대학원생입니다. 이름은 크리스토프입니다. 자연스럽게 말씀을 적용하며 계속 흘러나와 절제하며 간증을 나누었습니다. 그동안 영어로 남편 세논과 함께 연습했던 말씀이 크리스토프에게로 전달되는데 기이하고 놀랍습니다. 그는 고등학교 때 부모님이 이혼하고 현재 남동생과 함께 살고 있는데 어렸을 적부터 사랑한다는 그런 말을 거의 못 듣고 자랐다고 했습니다.

사랑이와 크리스토프는 서로 챙기며 아끼는 사이가 되었습니다. 주님의 인도함이 신기하고 놀랍기만 합니다. 크리스토프가 진지한 자세로 말씀과 간증을 열심히 듣는지 그의 집중력에 놀랍기 만합니다. 너무나도 그 모습이 사랑스럽습니다.

그런데 얼마의 시간이 지나자 나에게 여자는 목사가 될 수 없다고 기존 교회에서 배웠다며 나에게 반항적인 태도를 보입니다. 입에서는 꿀같이 달았던 그 말씀을 지키고 살려고 하니 배 속에서는 쓰고 힘들었던 것입니다. 나를 향한 거부감과 반항으로 표출되었습니다.

말씀에는 이중성이 있습니다. 심판받을 사람들에게는 말씀이 너무 쓰지만 구원받을 사람들에게는 꿀송이처럼 단 것이 말씀입니다. 그런데 말씀은 너무나 달지만 삶으로 적용하는 건 너무 쓴맛입니다.

사이리니 교회에서 들었던 말씀 묵상으로 적용해 보겠습니다. 성경에서 여자는 거듭나지 않은 사람이고, 남자는 거듭난 사람입니다.

> "모든 성도의 교회에서 함과 같이 여자는 교회에서 잠잠하
> 라 저희의 말하는 것을 허락함이 없나니 율법에 이른것 같
> 이 오직 복종할 것이요" 고전 14:34

"여자는 잠잠하라"는 이 말씀은 교회에서 일을 주관을 해야
할 사람은 남자 즉 거듭난 자가 되어야 한다는 의미입니다. 모
든 사람은 육으로 태어나게 됩니다. 그리고 이렇게 육으로 태어
난 사람들은 영적인 면에 있어서 하나님의 씨를 받아야 할 여자
들입니다. '하나님의 씨를 받아야 한다'에는 감추어진 큰 의미
가 있습니다.

> "여자가 아들을 낳으니 이는 장차 철장으로 만국을 다스릴
> 남자 그 아이를 하나님 앞과 그 보좌 앞으로 올려가더라"
>
> 계 12:5

여기서 여자가 아들을 낳는다는 의미는 우리의 거듭남을 말
하고 있습니다. 여자가 낳는 아이는 남자인데 그는 장차 철장으
로 만국을 다스릴 남자입니다. 그러니까 여자는 거듭나지 않은
사람이고, 남자는 거듭난 사람입니다. 이 말씀에서 여자가 해산
하여 남자를 낳는다는 것은 거듭나지 않은 자가 거듭난 것을 말
합니다. 그러므로 이 여자가 낳는 남자는 결국 자기 자신이며,
이런 사람은 예수의 생명을 갖게 됨으로써 철장으로 만국을 다

스릴 권세를 가지게 됩니다.

그래서 예수님은 십자가를 앞에 두고 제자들에게 이렇게 말씀하십니다. "여자가 해산하게 되면 그 때가 이르렀으므로 근심 하지만 아이를 낳으면 세상에 사람 난 기쁨을 인하여 그 고통을 다시 기억하지 아니하느니라"(요 16:21)

여자가 아이를 낳는 것은 예수 믿는 자가 말씀으로 예수의 생명을 잉태하고 낳은 것을 영적으로 남자를 상징하고 있습니다.

우리는 성경을 여는 비밀을 모르면 지옥을 산다고 사이리니 교회에서 배웠습니다. 그래서 저는 인내하며 기다렸습니다. 며칠 후 크리스토프는 다시 말씀을 가르쳐 달라고 했습니다.

최후 승리를 약속한 어린양

"또 내가 보니 보라 어린 양이 시온 산에 섰고 그와 함께 십 사
만 사천이 섰는데 그 이마에 어린 양의 이름과 그 아버지의 이
름을 쓴 것이 있더라" 계 14:1

사도 요한이 환상 가운데 보니까 시온산에 어린양이 섰고 그 곁
에 십사만 사천이 서 있는데, 그들의 이마에는 어린양의 이름과
그분의 아버지의 이름이 기록되어 있습니다. 이것을 "보라"는 것
입니다. 우리가 분별하려면 봐야 할 것이 있다는 것입니다.

따라서 우리의 믿음의 눈을 열어서 봐야 합니다. 우리의 삶은
영적 싸움입니다. 그런데 환상을 보니 이 전쟁은 하나님께 속한
전쟁입니다. 시온 산은 그리스도의 나라 영적으로 하늘나라를 뜻
하는 승리의 산입니다.

이 시온 산은 하나님의 다스림이 시작되는 곳입니다. 어린양과

함께 선 "십사만 사천"이라는 숫자의 근거는 구약의 12지파 곱하기 신약의 12사도, 거기에 삼위 하나님을 가리키는 만수 10의 세제곱을 곱한 수가 십사만 사천입니다. 어린양의 피로 구속함을 받은 모든 성도를 포함한 완전을 상징하는 수입니다.

십사만 사천 성도들만 부르는 새 노래

"내가 하늘에서 나는 소리를 들으니 많은 물소리도 같고 큰 뇌
성 같은데 내게 들리는 소리는 거문고 타는 자들의 그 거문고
타는 것 같더라 저희가 보좌와 네 생물과 장로들 앞에서 새 노
래를 부르니 땅에서 구속함을 얻은 십 사만 사천인 밖에는 능히
이 노래를 배울 자가 없더라" 계 14:2-3
"그 입에 거짓말이 없고 흠이 없는 자들이더라" 계 14:5

요한은 하늘에서 나오는 한 음성을 들었는데, 그 음성은 마치
거문고에 맞추어 부르는 노랫소리와 같았습니다. 그들의 입에서
는 거짓말이 없고 그들은 흠이 없는 자들이었습니다.

그들이 보좌 앞과 네 생물과 장로들 앞에서 새 노래를 불렀습니
다. 이는 구속받은 성도가, 십사만 사천과 그들에게 화답하는 천
사들이 부르는 새 노래입니다. 천사가 불러 주는 그 새 노래는 십
사만 사천 명만 알아듣는 하늘나라의 언어이고, 하늘나라의 가치
관입니다.

구원으로 생명의 눈을 뜬 성도는 어떤 어려움이 있어도 당당하게 선율 같은 하늘의 곡조로 새 노래를 부릅니다.

무슨 뜻입니까? 새 노래를 부를 수 있는 사람은 땅에서 구속받은 십사만 사천밖에 없다는 것입니다. 교회를 다니지만 여전히 변하지 않고 옛사람 그대로는 새 노래를 부를 수 있는 것은 아닙니다. 주님을 보는 눈이 안 떠지면 그는 곡조 있는 찬송을 부를 수가 없습니다. 그냥 가사만 부르고 있는 것입니다.

> "새 노래로 여호와께 찬송하라 대저 기이한 일을 행하사 그 오른손과 거룩한 팔로 자기를 위하여 구원을 베푸셨도다" 시 98:1

도저히 구원을 받을 수 없는 사람이 하나님의 은혜로 말미암아 선물로 구원을 받았다면, 당연히 노래가 나오게 되어 있습니다. 이런 성도는 하나님과 어린양에 속한 자이기 때문에 주님의 인도하심에 따라 살아가고 있습니다.

어린양에 속한 자는 구속함의 새 노래를 부르는 자들입니다. 거듭난 자가 승리해서 천사들이 환영하고 노래를 부르는 것입니다. 천사가 불러 주는 그 새 노래는 십사만 사천 명만 알아듣는 하늘나라의 언어이고, 하늘나라의 가치관입니다.

구원받은 성도는 당당하고 용기 있으면서도 정적이고 부드러운 선율 같은 찬송을 해야 합니다. 어린양께 속해서 구원의 새 노래를 부르는 사람은 영육 간에 정절이 있는 사람입니다.

성도가 오직 주님을 따라간다는 것은 내 신랑 예수님을 믿지 않으면 할 수 없습니다. 정절을 지키지 않으면서 어떻게 남편을 따라갈 수 있겠습니까? 어린양이 어디로 가든지 따라가는 비결은 영육 간에 정절을 지키는 것입니다. 물질도 명예도 권세도 자랑도 성공도 능력도 아니고, 어린양을 따라가는 것은 오직 순종입니다.

하나님의 시간과 내 시간이 너무 다르기 때문에 시간과 공간을 완전히 초월해야 합니다. 나는 십자가에 죽고, 어린양을 잘 따라가면 내가 하나님의 처음 열매가 되어서 제사장 나라가 되며 거룩한 백성이된다고 합니다.(출 19:6) 순종하고 예수 잘 믿으면 리더십을 주신다는 것입니다.

믿음의 사람은 특별한 인물이 아닙니다. 우리 모두 각자 절대치의 힘든 싸움을 싸우고 있습니다. 육체는 연약하고 내가 할 수 있는 것 하나 없지만, 어린양께 속한 자는 내일 어떻게 될까 두려워하는 것이 아니라 용기 있고 당당하게 새 노래를 부르는 사람입니다. 하나님만 전적으로 의지하면 주님이 일으키시고 세워 가실 줄을 믿습니다.

늦은 비

나는 거룩한 성 새 예루살렘의 주인공

"또 내가 새 하늘과 새 땅을 보니 처음 하늘과 처음 땅이 없어졌고 바다도 다시 있지 않더라 또 내가 보매 거룩한 성 새 예루살렘이 하나님께로부터 하늘에서 내려오니 그 예비한 것이 신부가 남편을 위하여 단장한 것 같더라" 계 21:1-2

사도 요한은 새 하늘과 새 땅을 보았습니다. 이전에 보던 처음 하늘과 처음 땅은 사라져 존재하지 않습니다. 요한계시록에서 악한 영들의 활동 공간으로 묘사되는 바다도 더 이상 있지 않습니다.

새 하늘과 새 땅에서 '새'에 해당하는 헬라어 '카이노'는 질적으로 완전 다르다는 뜻을 가진 단어입니다. 처음 하늘과 땅이 인간들로 인해 오염되어 망가진 이것을 불로 태우시고 지금까지 경험하지 못한 새 하늘과 새 땅을 지으신다는 것입니다.

전도서 1장에서 "해 아래 새로운 것이 없다"라고 하는 뜻은, 이 세상이 다 헛되고 헛되며 우리의 모든 수고가 다 유익이 없다는 것을 알려 주시기 위함입니다. 내가 해 아래서 행하는 모든 일을 본즉 다 헛되어 바람을 잡으려는 것이로다.

새 하늘과 새 땅은 세상 가치관이 아니기 때문에, 사라질 이 세상에 미련을 두지 말라는 것입니다. 더 놀라운 것은 하나님께서 우리에게 주시는 것은 반복적인 것이 아니라 나를 훈련시키기 위해 존재하다가 내가 완전해지면, 우리가 이 땅에서 애지중지했던 모든 것들이 사라질 것이었던 것을 알게 됩니다.

성경 66권은 우리에게 해당하는 말씀입니다. 창세기 시작한 처음 하늘과 처음 땅은 없어지고, 마지막 계시록에서는 사도 요한이 거룩한 성 새 예루살렘이 하늘로부터 내려오는 것을 계시를 통하여 봅니다.

하늘에서 거룩한 성 새 예루살렘이 내려오는데 이것을 가리켜 남편을 위하여 단장한 신부 같다고 묘사합니다. 단장한 신부는 그리스도의 배필로 준비된 성도를 의미합니다. 단장한 신부는 모두 새 예루살렘입니다.

"진실함으로 네게 장가들리니 네가 여호와를 알리라"(호 2:20) 세상의 단어를 쓰고 있지만 실제로는 하나님과 나와의 관계를 이야기하고 있습니다.

열 처녀의 비유에서, "그 때에 천국은 마치 등을 들고 신랑을 맞

으러 나간 열 처녀와 같다 하리니 그 중에 다섯은 미련하고 다섯
은 슬기 있는자라"(마 25:1-2)

이것을 보면 우리는 예수님과 결혼해야 되는 아내들로 비유하
고 있습니다. 세상에서 남편 찾는 것도 중요하지만 더 중요한 것
은 나의 내면의 남편 그리스도를 찾아야 됩니다.

그리스도를 만나 아내로서 온전한 사랑을 받게 된다면 우리들
은 인생의 모든 고난과 슬픔의 눈물이 그치게 되는 것입니다. 왜
냐하면 이전 것들이 다 사라졌기 때문입니다.

"성령으로 나를 데리고 크고 높은 산으로 올라가 하나님께로부
터 하늘에서 내려오는 거룩한 성 예루살렘을 보이니"계 21:10

여기 등장하는 거룩한 성 새 예루살렘은 주님과 함께하는 사람
입니다. 그 사람은 말씀이 왕 노릇 하는 그리스도 안에 있으니까
시험이 닥쳐도 기쁨으로 살아가는 것입니다.

생명책에 기록된 자들

거룩한 성 새 예루살렘에 거하는 자는 생명책에 기록된 자들입니다. 생명책에 기록된 주인공은 누구일까요?

> "성문들을 낮에 도무지 닫지 아니하리니 거기는 밤이 없음이라 사람들이 만국의 영광과 존귀를 가지고 그리로 들어오겠고 무엇이든지 속된 것이나 가증한 일 또는 거짓말 하는 자는 결코 그리로 들어오지 못하되 오직 어린 양의 생명 책에 기록된 자들 뿐이라" 계 21:25-27

하나님 자신이 그의 백성들을 비춰 주는 발광체입니다. 왜냐하면 거룩한 성은 "낮에 성문들을 도무지 닫지 아니하리니 거기에는 밤이 없음이라" 그 성에는 밤이 없기 때문에 문들이 종일토록 절대로 닫히지 않을 것이라는 뜻입니다.

그리고 거룩한 성에 들어가는 성도들을 만국의 영광과 존귀를 가지고 들어가는 모습으로 그리고 있습니다. 만국과 땅의 왕들이

늦은 비

함께 기록된 것은 새 예루살렘 성의 보편성과 탁월함을 강조한 것입니다. 믿음은 보편적이지만 탁월함이 있습니다. 두 가지를 다 가지고 있어야 합니다.

인간이 자기 죄, 본질을 알면 자기 죄를 안다는 것입니다.

하나님을 반사해서 빛나니까 만국이 그 빛 가운데 다니게 됩니다. 자기 죄를 알고 정직하게 행하면 해같이 빛나는 것입니다. 우리가 빛으로 반사하고 있으면 저절로 만국을 변화시킨다는 것입니다. 즉, 하나님의 영광이 비추입니다.

거룩한 성에 들어간 자는 하나님께서 책임지십니다. 말씀이 지혜입니다. 하나님 외에는 어떤 빛도 없습니다. 하나님은 '빛'이시기에 '밤'은 하나님의 속성과 반대되는 것을 가리킵니다.

그러므로 거룩한 성 새 예루살렘 성에 '밤'이 없다는 말은 이제 다시 그곳에는 악한 자들이 거룩한 성을 위협해서 그 성문을 닫을 필요가 없는 영원히 성문이 닫히지 않는 그 찬란한 땅에서 영원히 행복한 삶을 살게 된다는 것입니다.

그래서 거룩한 성 새 예루살렘의 모습을 이렇게 예언하고 있습니다. "그 때에 이리가 어린 양과 함께 살며 표범이 어린 염소와 함께 누우며 송아지와 어린 사자와 살진 짐승이 함께 있어 어린 아기에게 끌리며 암소와 곰이 함께 먹으며 그것의 새끼가 함께 엎

드리며 사자가 소처럼 풀을 먹을 것이며 젖 먹는 아이가 독사의 구멍에서 장난하며 젖 뗀 어린 아이가 독사의 굴에 손을 넣을 것이라"(사 11:6-8)

이러한 평화로운 풍경은 성도들의 삶은 우리의 상상 초월한 안전과 자유와 평안이 있을 것임을 암시하고 있습니다.

"무엇이든지 속된 것이나 가증한 일 또는 거짓말 하는 자는 결코 그리로 들어오지 못하되 오직 어린 양의 생명 책에 기록된 자들 뿐이라" 계 21:27

여기서 "속된 것이나 가증한 일"이란 우상 숭배자들과 배교자들을 가리키는 것입니다. "거짓말 하는 자는" 거짓 선지자를 암시하는 것입니다. 어떤 속된 것도 결코 그 성에 들어가지 못하고 오직 거룩한 성 새 예루살렘에 들어갈 수 있는 사람들은 어린양 생명책에 기록된 사람들만 들어갈 것입니다.

늦은 비

성경을 여는 비밀은 바로 자신의 몸 안에서도 발견할 수 있습니다. 남편의 췌장암 말기는 다른 사람들에게는 얼마나 무서운 사건이겠습니까? 우리 부부에게는 하늘의 문이 열리는 사건이었습니다.

그야말로 꿈인지 생시인지 푸른 초장에 듬성듬성 앉아 있는 사이리니 교회 성도들 앞에서 '새 노래'로 지휘를 하며 혼자 선율(음이 리듬을 가지고 울리는 것)로 새 노래를 불렀습니다. 일어나서 멜로디는 알겠는데 가사가 생각이 나지 않았는데, 찬송가입니다.

"예수가 함께 계시니 시험이 오나 겁 없네 기쁨의 근원 되시는
예수를 위해 삽시다 날마다 주를 섬기며 언제나 주를 기리고 그
사랑 안에 살면서 딴 길로 가지 맙시다"

전에는 그냥 가사로 소리 내어 불렀지만 곡조가 있는 새 노래로 부르니 감동이 되어서 처음 부르는 것처럼 눈물이 하염없이 흘렀습니다. 제가 남편이 누워 있는 옆에서 허밍으로(음으로) 새 노래를 부르기도 하고 가사로 조용히 부르니 위로를 받는 것 같아서

이참에 믿음에 대한 새 노래를 부르고 간증을 했습니다.

감동을 받고는 내가 옆에 있으면 하나님 이야기를 자주 해 달라 요청합니다. 그러면 나는 신이 나서 전하죠.

고난 없이도 예수 잘 믿는다고 큰소리를 치는 사람이 있습니다. 나는 부족한 것이 없다고 하면서, 성경 공부를 잘하면 깨달아질 것 같습니까? 그렇지 않습니다. 오늘 배반당하고 억울한 일을 당하는 사건 속에서 말씀으로 영적 전쟁이 되는 것이 풍성해지는 비결입니다.

그러나 예수 잘 믿는다고 하면서도 고난을 거부하며 불평을 하는 것은 말이 안 되는 소리입니다. 배우자가 병들었고, 가진 것 없어도 수많은 전쟁을 치르며 하나님 나라를 깨달았다면 나누어 줄 것만 있는 인생인 줄 믿습니다.

하나님으로 말미암아 거듭난 무리, 그리스도의 보혈로 생명이 새로워진 사람만이 새 노래를 부를 수 있습니다. 즉, 새 노래는 어린양의 피에 그 옷을 씻어 희게 된 자들만 부를 수 있는 노래입니다. (계 7:14)

> "또 내가 들으니 하늘에서 음성이 나서 가로되 기록하라 지금
> 이후로 주 안에서 죽는 자들은 복이 있도다 하시매 성령이 가라
> 사대 그러하다 저희 수고를 그치고 쉬리니 이는 저희의 행한 일

이 따름이라 하시더라" 계 14:13

우리는 죽음 앞에서 죽음의 참의미를 몰라서 슬퍼합니다.

그러나 하나님은 "주 안에서 죽는 자들(거듭남)은 복이 있다"라고 하십니다. 그러나 인생이 죽음을 향해 가고 있다는 근원적 불안에 시달리기 때문에 인간들은 누구나 죽음을 두려워합니다.

그 이유는 '죄' 때문입니다. 하지만 하나님은 인과응보 원리로 심판하시는 분이 아닙니다. 간음, 도적질, 미움, 탐심 등 죄 목록을 따져서 심판하지 않습니다. '죄에 대하여'라 함은 저희가 나를 믿지 않기 때문입니다.(요 16:9) 죽음도 하나님의 권세 아래 있습니다.

"사망아 너의 이기는 것이 어디 있느냐 사망아 너의 쏘는 것이
어디 있느냐" 고전 15:55

이것은 부활 생명이 죽음을 이긴 것에 대한 외침입니다. 그러므로 우리는 죽음으로 한계 지어진 삶을 긍정할 수 있게 되었습니다. 그 이후 예수로 인한 참된 평화와 어린양에 속한 자는 새 노래를 부릅니다.

늦은 비

© 김영숙, 2023

초판 1쇄 발행 2023년 10월 20일

지은이   김영숙
펴낸이   이기봉
편집   좋은땅 편집팀
펴낸곳   도서출판 좋은땅
주소   서울특별시 마포구 양화로12길 26 지월드빌딩 (서교동 395-7)
전화   02)374-8616~7
팩스   02)374-8614
이메일   gworldbook@naver.com
홈페이지   www.g-world.co.kr

ISBN   979-11-388-2390-6 (03230)